卢梭箴言录

Lusuo Zhenyanlu

王 艳 / 编写

吉林教育出版社

图书在版编目(CIP)数据

卢梭箴言录 / 王艳编写. — 长春：吉林教育出版社，2012.6（2018.2 重印）
（和谐校园文化建设读本）
ISBN 978－7－5383－8764－3

Ⅰ. ①卢… Ⅱ. ①王… Ⅲ. ①卢梭，J.J.(1712～1778)－箴言－青年读物②卢梭，J.J.(1712～1778)－箴言－少年读物 Ⅳ. ①B565.26－49

中国版本图书馆 CIP 数据核字（2012）第 115982 号

卢梭箴言录		王　艳　编写
策划编辑 刘　军　　潘宏竹		
责任编辑 庞　博		**装帧设计** 王洪义

出版　吉林教育出版社（长春市同志街 1991 号　邮编 130021）
发行　吉林教育出版社
印刷　北京一鑫印务有限责任公司
开本　710 毫米×1000 毫米　1/16　　13 印张　　**字数**　165 千字
版次　2012 年 6 月第 1 版　2018 年 2 月第 2 次印刷
书号　ISBN 978－7－5383－8764－3
定价　39.80 元

吉教图书　　　版权所有　　　盗版必究

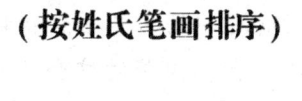

编 委 会

主　　编：王世斌

执行主编：王保华

编委会成员：尹英俊　尹曾花　付晓霞
　　　　　　刘　军　刘桂琴　刘　静
　　　　　　张　瑜　庞　博　姜　磊
　　　　　　潘宏竹
　　　　　　（按姓氏笔画排序）

总 序

千秋基业，教育为本；源浚流畅，本固枝荣。

什么是校园文化？所谓"文化"是人类所创造的精神财富的总和，如文学、艺术、教育、科学等。而"校园文化"是人类所创造的一切精神财富在校园中的集中体现。"和谐校园文化建设"，贵在和谐，重在建设。

建设和谐的校园文化，就是要改变僵化死板的教学模式，要引导学生走出教室，走进自然，了解社会，感悟人生，逐步读懂人生、自然、社会这三部天书。

深化教育改革，加快教育发展，构建和谐校园文化，"路漫漫其修远兮"，奋斗正未有穷期。和谐校园文化建设的研究课题重大，意义重要，内涵丰富，是教育工作的一个永恒主题。和谐校园文化建设的实施方向正确，重点突出，是教育思想的根本转变和教育运行机制的全面更新。

我们出版的这套《和谐校园文化建设读本》，全书既有理论上的阐释，又有实践中的总结；既有学科领域的有益探索，又有教学管理方面的经验提炼；既有声情并茂的童年感悟，又有惟妙惟肖的机智幽默；既有古代哲人的至理名言，又有现代大师的谆谆教诲；既有自然科学各个领域的有趣知识，又有社会科学各个方面的启迪与感悟。笔触所及，涵盖了家庭教育、学校教育和社会教育的各个侧面以及教育教学工作的各个环节，全书立意深邃，观念新异，内容翔实，切合实际。

我们深信：广大中小学师生经过不平凡的奋斗历程，必将沐浴着时代的春风，吸吮着改革的甘露，认真地总结过去，正确地审视现在，科学地规划未来，以崭新的姿态向和谐校园文化建设的更高目标迈进。

让和谐校园文化之花灿然怒放！

本书编委会

目 录

- 一、人 001
  - 1. 性格与情感 001
  - 2. 能力与爱好 011
  - 3. 修养 016
  - 4. 学习研究写作 021
  - 5. 孤独 031
  - 6. 看他人 036
  - 7. 人 044
  - 8. 人生 059
- 二、内心世界 065
  - 1. 爱情 065
  - 2. 幸福与快乐 072
  - 3. 天性与自由 083
  - 4. 良心 091
  - 5. 心灵与灵魂 093
  - 6. 欲念 098
  - 7. 感观与痛苦 102
- 三、社会 111
  - 1. 人世间 111

2. 专制与民主 …………………………………… 117
3. 统治者与法律 ………………………………… 124
4. 平等与不平等 ………………………………… 129
5. 教育 …………………………………………… 135
6. 道德与德行 …………………………………… 141
7. 处世 …………………………………………… 151
8. 财产与金钱 …………………………………… 157
9. 真理与谎言 …………………………………… 159

四、思想 ……………………………………………… 166
1. 哲学基本问题 ………………………………… 166
2. 认识论 ………………………………………… 167
3. 物质运动 ……………………………………… 170
4. 宗教 …………………………………………… 173
5. 科学与艺术 …………………………………… 177

五、人与自然 ………………………………………… 185
1. 人与自然 ……………………………………… 185
2. 自然状态 ……………………………………… 190

附录一：卢梭生平简介 …………………………… 194
附录二：论科学与艺术的复兴是否有助于使风俗日趋淳朴 ……… 198
附录三：卢梭著作汉译本书目 …………………………… 202

一、人

人的确是他所居住的地球上的主宰,因为,他不仅能驯服一切动物,不仅能通过他的勤劳而布置适合于生存的境界,而且地球上只有他才知道怎样布置这种境界,只有他才能通过思索而占有他不能达到的星球。

——《爱弥儿——论教育》下卷,第 379 页

1. 性格与情感

包塞的生活方式,对于我太合适了,只要时间再长一些,就可以使我的性格彻底定型了。所有温柔、亲切、平和的感情,构成了这个生活方式的基调。我认为,世间再也没有一个人生来比我的虚荣心更小的了。虽然有时候我一冲动,心情会特别激昂,但我立刻又会陷入原有的颓唐。让跟我接近的人都爱我,乃是我那时最强烈的愿望。我的性情柔和,我表兄也柔和,连所有管教我们的人也都很柔和。整整两年里,我没见过谁粗暴地发脾气,也没受过谁的粗暴待遇。凡此种种,都在我心中培养天赋的素质。

——《忏悔录》第 8 页

最低级的趣味、最下流的习惯代替了我当年可爱的娱乐，甚至使那些娱乐在我的记忆里连一点影子都没有了。我虽然受过良好的教育，但是，想必是我生来就有一种易于堕落的倾向，因为我丝毫没费力，转瞬之间便堕落到不可收拾的地步，就连非常早熟的凯撒，也不曾这样迅速地变成拉里东。

——《忏悔录》第 15 页

我的怪癖是从自己的一种特殊性格产生的。

——《忏悔录》第 18 页

由于吵嘴、打架，由于偷阅选择不当的书，我变得性情孤僻，沉默寡言；我的精神也开始变坏，我过起真正落落寡合的生活来了。

——《忏悔录》第 20 页

羞耻，这个与恶意识为伍的伙伴，与年俱增，这就更加强了我那天生的腼腆，甚至达到难以克服的程度；不论是在当时或是以后，对于我所接触的女性，虽然我知道对方并不那么拘谨，而且我几乎可以断言，只要我一开口就一定会如愿以偿；但是，若非对方首先有所表示，采取某种方式逼迫我，我是不敢贸然求欢的。

——《忏悔录》第 43 页

我现在要做一项既无先例、将来也不会有人仿效的艰巨工作。我要把一个人的真实面目赤裸裸地揭露在世人面前。这个人就是我。

——《忏悔录》第一部，第 1 页

这就是我踏入人世后的最初的感情，这样，我就开始养成或表现出一种既十分高傲而又非常温柔的心灵，一种优柔怯懦却又不受约束的性格，这种性格永远摇摆于软弱与勇敢、犹疑与坚定之间，最后使我自身充满了矛盾，我连节制与享受、欢乐与慎重哪一样都没有得到。

——《忏悔录》第一部，第 11 页

谁能相信我灵魂上一种最坚强的力量，是从我那有着柔弱与嗜欲两种因素的血液的同一泉源里淬砺出来的呢？

——《忏悔录》第一部，第 18 页

就我说话行事这样有分寸来看，有人会认为我虚伪，谁要果真这样，那可就错了。我不过是忠厚对人而已，这是确实的。奉承，或者更确切地说，迁就别人的意见，不见得总是恶习，尤其对于年轻人，它往往是一种美德。

——《忏悔录》第一部，第 53 页

我对妈妈的依恋成了我唯一的欲望，然而这不是一种疯狂的欲望，可以证明这一点的是，我的心灵使我的理智得到了加强。真实的情况是，这种单一的情感吸收了我的全部才智，弄得我什么也没有学好，甚至连我尽了一切努力去学的音乐也没有学成功。但是，这也不怨我，我是全心全意、勤勤恳恳地去学的。只是我的思想不能集中，总是出神，总是叹气，在这种情况下我有什么办法呢？为求进步，凡是我力所能及的，我都做了，可是，要让我再干新的蠢事，只须有人来引诱我一下就够了。

——《忏悔录》第 57 页

当我意识到没有什么危险的时候，我那占统治地位的感情就又恢复过来了。任何东西也引不起我的兴趣,任何东西也引诱不了我,除了希望回到妈妈身边外,再也没有别的心思了。

——《忏悔录》第 62 页

我宁可利用这些叙述来揭露人的邪念,而不愿由于我的沉默,扩大了人的邪念。

——《忏悔录》第一部,第 70 页

我的天性和才华与其说是使我走向富贵的阶梯,不如说是使我不慕富贵的保证。

——《忏悔录》第一部,第 108 页

我敢以真诚和骄傲的心情说:在我一生中,从没有过因考虑贫富问题而令我心花怒放或忧心忡忡的时候。在我那一生难忘的坎坷不平和变化无常的遭遇中,我常常无处安身,忍饥受渴,但我对豪华富裕和贫穷饥寒的看法却始终不变。

——《忏悔录》第一部,第 124 页

很少有人像我这样叹息过,也很少有人在一生中像我流过那样多的眼泪;但是我从来没有因为贫穷或怕陷入贫穷而发出一声叹息或掉过一滴眼泪。

——《忏悔录》第一部,第 124 页

我确信,生活在一个自己受到厚待,并为自己所崇拜的民族中间,却又装出一副看不起这个民族的神气,这种人只有我一个。

——《忏悔录》第一部,第 225 页

我倒是很想建立一项规则叫别人遵守，同时又极力使自己成为例外，不受它的约束。

——《忏悔录》第一部，第286页

害羞使我愤世嫉俗；我不懂得礼节，就装作蔑视礼节。这种与我的新的生活原则相符合的粗鲁的态度在我的灵魂里成了一种高尚的东西，化为无所畏惧的德性。而且我敢说，正因为它有这样庄严的基础，所以我这种粗鲁的态度，本来是极端违背本性的一种努力做作，竟能维持得出使人意外地好和长久。

——《忏悔录》第二部，第455页

我要永远公平、真实、尽可能说别人的好处，只在与我有关的范围内说别人的坏处，并且非不得已时不说。

——《忏悔录》第二部，第494—495页

我的才能就是对人们说些有益而逆耳的真理，并且说得相当有分量，相当有勇气；我原该以此为满足的。我生来就不会阿谀逢迎，就连赞美别人也不会，我想赞美别人时的那种笨拙劲儿比起我批评别人时那种尖刻劲儿还更叫我吃亏。

——《忏悔录》第二部，第682页

我的心灵已经在厄运的涤荡中净化了，即使我仔细地探测它，也几乎找不出半点残存的值得谴责的习性。

——《一个孤独的散步者的遐想》第9—10页

我十分厌恶争吵，而且没有把争吵维持下去的能耐。因此，我的辩护常常显得软弱无力；但是，我从来不接受他们那些令人沮丧的学说。

——《一个孤独的散步者的遐想》第 35 页

我厌恶虚伪，从不容心里有它的一席之地，我宁可面临痛苦折磨，而不愿以撒谎来回避。

——《一个孤独的散步者的遐想》第 49 页

当我的心没有向我呼唤，我的意志充耳不闻，不管是人，还是义务，或是什么必然性，都无法叫我唯命是从。

——《一个孤独的散步者的遐想》第 91 页

纯属无报偿的好事肯定是我乐于为之的，但是，当人们把这种受惠视为应得而恣意索取、否则便以怨相报时，当某人因我当初乐意为他做了好事而规定我从此永远作他的恩主时，我就开始感到不自在，乐趣也就蔫然消失了。

——《一个孤独的散步者的遐想》第 91 页

我要在精神上死去才能对正义无动于衷。不公正和邪恶的场面仍然使我气愤得热血沸腾。

——《一个孤独的散步者的遐想》第 97 页

如果我始终是自由的、默默无闻的、孤独的——我就是为此而生的——我本来会尽做好事，因为我心头从未萌发过害人的欲念。

——《一个孤独的散步者的遐想》第 97—98 页

必须具备一种清除各种暴戾情绪的天性，才能在我这种命运中对某种消遣产生兴趣。

——《一个孤独的散步者的遐想》第 103 页

感官限制着人类的悟性，不可能掌握真理的各个方面。

——《孤独散步者的遐想》第 42 页

看到公众至上的幸福是唯一能触动我心灵的长久的情感。殷切希望公众得到幸福是我常有的激情。

——《孤独散步者的遐想》第 93 页

只有我是这样的人。我深知自己的内心，也了解别人。我生来便和我所见到的任何人都不同；甚至于我敢自信全世界也找不到一个生来像我这样的人。虽然我不比别人好，至少和他们不一样。

这期间，我由于年轻力壮，无事可做，常常心情烦闷。我坐立不安，精神恍惚，总跟做梦似的，我有时哭，有时叹息，有时希求一种自己毫不了解而又感到缺乏的幸福。

——《忏悔录》第一部，第 105 页

我的心原来就是很热情的，我对于那些希望我好的人比对那些实际上对我做了好事的人还要热爱，在这方面，我的感觉锐敏，不会使我看错的。

——《忏悔录》第一部，第 110 页

我在思考我生平各种境遇中的内心情感时，颇为震惊地发现，我一生中那几番不同的命运,与它们使我经常产生的欢乐或不快的感觉并不和谐一致。我也曾有过一些短暂的幸福时辰,这几个不同的时期几乎没给我留下任何叫人感到亲切永恒美好的记忆;相反,我一生的各种不幸倒使我充满甜蜜、感人、柔美的情感。这些情感在我这颗悲伤的心灵的创伤上涂上了一种镇痛的香膏,似乎将痛苦变成了欢乐。

——《一个孤独的散步者的遐想》第 122 页

每当我亲眼看到人们向我过分加以渲染的事物的时候,扫兴的感觉无不相同:因为要想使自己所看到的比自己所想象的还要丰富,这不仅是人力所不及,大自然本身也是很难胜任的。

——《忏悔录》第一部,第 196 页

真奇怪,我的幻想只是在我的境遇最不顺利的时候才最惬意地出现在我的脑际,当我周围的一切都是喜气洋洋的时候,反而不那么饶有趣味了。

——《忏悔录》第一部,第 211 页

俗话说:"剑毁剑鞘。"我的情况正是这样。我的激情给我以生命力,同时也伤害了我。

——《忏悔录》第一部,第 270 页

然而,我的心肠是那样热烈,感情是那样锐敏;我是那样易于钟情,一钟情就受到情感的如此强烈的控制,需要舍弃时又感到心碎;我对人类生来就是这么亲切,又这么热爱伟大、真、美与正义;我这么痛恨任何类型的邪恶,又这么不能记仇、害人,甚至连这样的念头都没有过;我看到一切道德的、豪迈的、可爱的东西又这么心肠发软,受到这么强烈而甘美的感动——所有这一切竟能在同一个灵魂里,跟那种肆意践踏最美好的义务的败坏道德的行为协调起来吗?不能,我感觉到不能,我大声疾呼地说不能,这是绝对办不到的事。

——《忏悔录》第二部,第 440 页

尽管我的身体慵倦无为,但我的心灵仍然充满活力,它仍在产生各种情感、各种思想,其内在的精神生命,似乎因眼前的,世俗的利益的殁灭而反倒增强了。

——《一个孤独的散步者的遐想》第 10 页

我的心智一直处于我曾为它创造的最牢固的位置上,它经常躲在我的良心的庇护下安歇,因此任何新的或老的奇异学说都不能一星半点地把它激动,或把我的安闲生活一时片刻地扰乱。

——《一个孤独的散步者的遐想》第 44 页

自尊心的愤慨,加上理智的斥责,只能引起我的反感和反抗,而当我是自然而然地去做的时候,我是会充满热情和虔诚的。

——《一个孤独的散步者的遐想》第 94—95 页

目睹公众便至乐极福,是唯一触动我心灵的持久的感情。热切希望全体公众得到幸福,是我最常有的激情。

——《一个孤独的散步者的遐想》第 98 页

凡是涉及到我躯体的需求感的东西都会损坏我的乐趣,使我伤悲。我只有在完全无视自己躯体的好处时,才能步入精神乐趣中的温馨之境。

——《一个孤独的散步者的遐想》第 109 页

对幽静和沉思的爱好从我心中产生了,因为我的心需要自然流露的、温柔的情感去滋养它。

——《一个孤独的散步者的遐想》第162页

事实上,如果我不去伤害我的邻居,原因将不会是因为我是一个理性人,而是因为我是一个有感情的人;并且,既然野兽与人类共同拥有这种特质,我们就应当给前者不被后者无谓虐待的权利。

——《论人类不平等的起源》第7页

我们可以肯定,怜悯心是一种自然的情感,它缓和了个体出于自利的行为,从而促进了人类整体的相互保存。是怜悯心使得我们在看到他人受难时,不假思索地伸出援手;是怜悯心以其特有的优势,在自然状态中替代了法律、道德、美德的位置。它的优势就是没有一个人能够违抗它温柔的声音。它使得强壮的野蛮人,只要有从别的地方获取食物的可能就不会从幼小的孩童和孱弱的老人手中掠夺他们来之不易的东西。它使得合乎自然天性的格言"在为自己谋求利益的时候,尽可能少地伤害他人"代替了富有理性正义的格言"己所不欲,勿施于人",从而激励所有的人;尽管前者远不如后者完善,但是可能更为有用。

——《论人类不平等的起源》第34页

住在相互毗邻的小屋里的年轻男女之间,基于自然的需要,很快就有了短暂的关系。这种关系通过彼此间经常的造访,演变成另外一种关系,这种关系与男女之间的性爱关系同样甜蜜但是更加持久。人们变得习惯于评判不同的事物和进行比较,于是他们逐渐地获得了有关才德和美貌的观念，这些观念反过来又产生了某种偏爱的情感。由于经常相见，一不相见便会非常惆怅。一种温柔、甜蜜的情感就慢慢地在人的灵魂中滋长。同时，爱也唤醒了嫉妒，一旦反目，人世间最为温柔的情感就会酿成无谓的流血。

——《论人类不平等的起源》第 52 页

我们仅仅是徒有其表的：我们轻佻狂妄，我们具有的仅仅是缺乏道德的荣誉，缺乏智慧的理性和缺乏幸福的快乐。

——《论人类不平等的起源》第 89 页

纷乱、嘈杂和制约束缚了我的情感，但宁静平和却使我为之激昂。

——《一个孤独的散步者的遐想》第 155 页

2. 能力与爱好

有两种几乎绝对不能相容的东西，在我身上居然结合在一起，我很难想象这是怎么一回事：一方面是非常炽热的气质，热烈而好冲动的激情，另一方面却是迟钝而又混乱的思想，差不多总是事后才明白过来。

——《忏悔录》第一部，第 137 页

简直可以说，我的心和我的头脑不是属于同一个人的。感情比闪电还快，立刻充满了我的心；但是它不仅不能照亮我的心，反而使我激动，使我发昏。我什么都感觉到，却什么也看不清。我非常兴奋，却动作迟钝；我必须冷静下来才能进行思考。

——《忏悔录》第一部，第 137 页

我想，不论是哪一个青年，处在我的地位都会像我这样爱慕如狂的；特别是一个人，越是具有赏识别人特长的能力，越是对别人的才能表示爱慕，就越容易像我这样行动。

——《忏悔录》第 57 页

我喜欢的是保养得比较柔润的肤色，比较美丽的手，比较雅致的服饰，全身给人一种轻盈飘逸、一尘不染之感，而且举止要比较大方，谈吐要比较优雅，衣裙要比较精美，剪裁得比较得法，鞋要比较小巧玲珑，丝带、花边和头发的颜色陪衬得要比较美观。一个女人，如果具备了这一切，就是长得差一些，我也是偏爱她的。我自己有时也觉得这种偏爱十分可笑，但是，我的心不由自主地就产生了这种偏爱。

——《忏悔录》第 63 页

令人奇怪的是，只要给我时间，我也是足智多谋，既能深入分析，甚至还很细致；在从容不迫的时候，我也能作出绝妙的即兴诗，可是仓促之间，我却从来没有作过一件恰如其分的事，也没有说过一句恰如其分的话。就像人们所说的西班牙人只有在下棋的时候才能想出好招儿，我唯有通过书信才能说出妙趣横生的话。当我读到关于萨瓦大公的一个笑话，说这位大公正在路上走着，突然转过头来喊道："巴黎商人，当心你的狗命。"我不禁想到："我正是这样"。①

——《忏悔录》第一部，第 137 页

---

① 关于这里所说的故事，是指萨瓦大公在巴黎遇到一个出言不逊、粗野无礼的商人，他到了里昂后才想出这句答复那个巴黎商人的话。

特别不幸的是：我的面貌和眼睛看来长得很精明，因此人们对我的失望使得我的愚蠢就越发刺眼了。

——《忏悔录》第一部，第 141 页

大家聚会起来演奏我的作品了。……真的，自从有了法国歌剧以来，谁也没有听见过这样难听的音乐。不管大家对我自以为了不起的艺术天才有什么样的想法，反正这次演奏的效果比人们想象的还要坏。乐手们简直忍不住要笑；听众睁大惊愕的眼睛，直想堵住耳朵，可惜这办不到。我那些要命的合奏乐手，又故意开玩笑，弄出些噪音来，连聋子的耳膜都能刺破。我一直坚持着，当然，大颗的汗珠往下直滚，但是颜面攸关，我不敢一跑了之，只好听由命运摆布。我所得到的安慰，听到我近旁的一些听众在低声说："简直受不了！多么疯狂的音乐！这真是魔鬼的聚会啊！"

——《忏悔录》第一部，第 182—183 页

我常常责怪自己，我的无能多于过失，对于他们的论点，我凭心灵能作出胜过凭理性作出的反驳。

——《一个孤独的散步者的遐想》第 35 页

过于沉静会令人生悲，出现死亡的阴影，因此就需要借助于一种令人快乐的想象力。

——《一个孤独的散步者的遐想》第 83 页

幻想使我解乏，使我心情快乐；运思使我疲惫，引我伤心。……我的幻想偶尔成了思考，但大多数时候，是我的思考变成了幻想；在这些交错进行的时候，我的心灵便插上想象力的翅膀，带着超乎一切

快乐的狂喜，游荡和翱翔于天宇。

——《一个孤独的散步者的遐想》第 103—104 页

要做善事，就该自由地、不受约束地去做，而要剥夺行善的乐趣，就是把它变成一种义务，从而，甜美的享受也因履行义务的压力变成了枯燥的负担。

——《孤独散步者的遐想》第 85 页

我好食而不贪，好色而不淫：由于别的欲念太多，这两种欲望就被冲淡了。

——《忏悔录》第一部，第 39 页

就是今天，家庭盛宴也没有改变我这种简单的食欲。我从前不知道，现在仍然不知道有什么能比具有田舍风味的一顿饭更精美的饮食了。……我饮食有节只是因为我没有受到诱惑，但是，我把这一切都说成饮食有节也是不对的，因为说到吃，我也是尽量享受点口福。我所喜爱的梨、奶糕、奶饼、皮埃蒙特面包和几杯掺兑得法的蒙斐拉葡萄酒，便可以使我这个贪图口福的人心满意足。

——《忏悔录》第一部，第 85 页

我喜欢从容不迫地走路，想停就停。飘泊的生活正是我需要的生活。在天朗气清的日子里，不慌不忙地在景色宜人的地方信步而行，最后以一件称心的事情结束我的路程，这是各种生活方式中最合我口味的生活方式。

——《忏悔录》第一部，第 212 页

步行时有一种启发和激励我的思想的东西。而我在静静坐着的时候，却差不多不能思考，为了使我的精神活跃起来，就必须使我的身体处于活动状态。

——《忏悔录》第一部，第 199 页

不管什么爱好，只要我一开始入了迷，都是这样的，爱好逐渐加深，直至变成狂热，不久，除了我所迷上的以外，世界上的任何事物我都看不见了。我这种毛病并没有随着年龄增长而有所改变，甚至一点也没有减轻。

——《忏悔录》第一部，第 222 页

我一定是为这种艺术而生的，因为我从童年时代起就爱上了这种艺术，而且我一生中唯一始终喜爱的艺术就是音乐。

——《忏悔录》第一部，第 223 页

我对于音乐的爱好，更确切地说，我在很久以后才发展起来的音乐癖，确信是受了姑姑的影响。

——《忏悔录》第 6 页

当我的某种爱好已经成为习惯的时候，一点儿小事就能使我转移目标，就能改变我，迷惑我，最后使我如醉如痴。于是我忘却一切，一心只想我所倾慕的新的东西了。

——《忏悔录》第 20 页

越是没有女人参与的事情，我越应该认为这是更可贵更稳妥的方法，因为女人们所爱护的才能，肯定比不上我的才能。

——《忏悔录》第 50 页

我简直不能理解人们怎么敢在大庭广众中说话，因为在那种场合，每说一句话都要考虑到所有在场的人，为了确有把握地不说出任何得罪人的话，需要知道每个在场的人的性格和他们的过去。在这一方面，那些久在交际场中活动的人是有很大便利的：他们对于什么话不应该说知道得比较清楚，因而对于自己所说的话也就更有把握。虽然如此，他们还免不了无心中说出一些不该说的话来。人们可以想象，一个毫无社会阅历的、好像从云彩里掉下来的人，叫他不说错话，即使只一分钟也是办不到的。至于两个人之间的谈话，我觉得更为苦恼，因为这需要不断地说话：人家对你说，你就必须回答，如果人家不说了，你就得没话找话。

——《忏悔录》第 56 页

3. 修 养

我就这样学会了贪婪，隐瞒，作假，撒谎，最后，还学会了偷东西——以前，我从来没有过这种念头，可是现在一有了这种念头，就再也改不掉了。力不从心，结果必然走上这条邪恶的道路。这就是为什么所有的奴仆都是连偷带骗，各个学徒都是连骗带偷。不过，如果后者处在与人平等、无忧无虑的状态，而所希望的又可以得到满足的话，那么，在他们逐渐成长的过程中，一定会丢掉这种不光彩的癖好。可惜我没有遇到那样有利的条件，所以未能收到良好的效果。

——《忏悔录》第 16 页

我不太害怕惩罚，我只害怕丢脸；我怕丢脸甚于怕死亡，甚于怕犯罪，甚于怕世界上的一切。

——《忏悔录》第 43 页

羞耻是造成我的无耻的唯一原因。我的罪恶越严重，怕认罪的恐怖心情越使我变得倔强。

——《忏悔录》第 43 页

每当我遇有一种情况，会使我的利益和某一个人的利益发生抵触，因而会使我对那个人产生一种诡异的、虽然不是有意的幸灾乐祸之心，我总竭尽全力从这种情况中摆脱出来。

——《忏悔录》第一部，第 65 页

只要我去学习，就是为了认识自己，而不是为了教育别人；我一贯认为，在教别人之前，首先要充分认识自己。

——《一个孤独的散步者的遐想》第 30 页

我开始对自己进行解剖，使我的内心世界在有生之年臻于完善，以便达到我临终时所希望的境界。

——《一个孤独的散步者的遐想》第 30 页

我凭良心可以肯定，我有一天将受到的审判，不会比我的自我审判更加严厉。

——《一个孤独的散步者的遐想》第 64 页

任何不由自主的行动,只要我们善于去寻找,都没有不能从我们内心找出原因的。

——《一个孤独的散步者的遐想》第 86 页

我深知我做的好事很少,至于做坏事,我一辈子都没想过,而我不认为,天底下有谁比我坏事做得更少。

——《一个孤独的散步者的遐想》第 100 页

由于经常挨打,我渐渐对挨打也满不在乎了。后来我觉得这是抵消偷窃罪行的一种方式,于是,我倒有了继续偷窃的权利了。

——《忏悔录》第一部,第 38 页

后来我所以没有变成职业小偷,只是因为我一向不爱钱的缘故。

——《忏悔录》第一部,第 39 页

对于我,物的诱惑力比钱的诱惑力大,因为在金钱和所希望享有的物品之间,永远存在着一个媒介物,而物品本身和享用之间却是毫无间隔的。我看到某一物品的时候,它能诱惑我,而当我只看到获得该物品手段的时候,我就感觉不到这种手段的诱惑力。正因为这样,我才做贼,直到现在,我有时还偷一点儿我所心爱的小玩艺儿,我宁愿自己去拿,而不愿向人家讨。

——《忏悔录》第一部,第 43 页

因此我除了因年龄关系而胆怯以外,同时还因为天生多情而胆怯,我总是怕自己使别人不痛快。此外,虽然我的知识已经相当丰富,但是我从来没有见过世面,对社交方面的礼节习惯完全不懂,我的知识不但不能弥补我的短处，反而使我越发感觉到自己在这方面的缺陷，因此更加胆怯了。

——《忏悔录》第一部，第 55 页

我不太害怕惩罚，我只害怕丢脸；我怕丢脸甚于怕死亡，甚于怕犯罪，甚于怕世界上的一切。

——《忏悔录》第一部，第 103 页

羞耻，这个与恶意识为伍的伙伴，与年俱增，这就更加强了我那天生的腼腆，甚至达到难以克服的程度；不论是当时或是以后，对于我所接触的女性，虽然我知道对方并不那么拘谨，而且我几乎可以断言，只要我一开口就一定会如愿以偿；但是，若非对方首先有所表示，采取某种方式逼迫我，我是不敢贸然求欢的。

——《忏悔录》第一部，第 105—106 页

在我的决心中，虚荣心和责任心所起的作用或许是相等的，这种虚荣心虽然不能算作美德，但它所产生的效果是那么相似，即使弄混了也是可以原谅的。

——《忏悔录》第一部，第 324 页

我的最严重的错误一直都是由玩忽造成的；我很少做过我不应该做的事，同时，不幸得很，我更少做过我应该做的事。

——《忏悔录》第二部，第 628 页

然而谨慎和我那样无缘，我简直无望获得它，要用它来指导我，就等于驾一艘既无舵又无指南针的船，试图在风雨交加的海上，寻找

一个几乎无法接近、又不向我指明任何港口的航标灯。

——《一个孤独的散步者的遐想》第 36 页

说话的速度往往比我思维的速度要快,因此,我几乎总是不假思索便信口开河,还带出了一些蠢话和傻话。在它们脱口而出时,我的理性和感情都是不赞成的,但它们先于我的这一判断而说出口了,所以我无法通过判断的审核而予以纠正。

——《一个孤独的散步者的遐想》第 61 页

我撒谎从来不是因生性虚假所致,而是我的怯懦使然。但我并没有因此得到原谅,因为怯懦的人至多可以不去行恶,而敢于伸张伟大的美德,是需要大胆,要有一种自负和需要担风险的。

——《一个孤独的散步者的遐想》第 69—70 页

我从来都不过分迁就自尊心,可是自从我进入上流社会,尤其是当了作家以后,这种矫揉造作的情绪便在我身上膨胀起来了。

——《一个孤独的散步者的遐想》第 130 页

万能的上帝啊!我的内心完全暴露出来了,和你亲自看到的完全一样,请你把那无数的众生叫到我跟前来!让他们听听我的忏悔,让他们为我的种种堕落而叹息,让他们为我的种种恶行而羞愧。然后,让他们每一个人在您的宝座前面,同样真诚地披露自己的心灵,看看有谁敢于对您说:"我比这个人好!"

——《忏悔录》第一部,第 1—2 页

4. 学习研究写作

在有趣书籍的熏陶中，在父亲的影响下，我形成了爱自由爱共和的思想。我不羁的性格和高傲的天性主宰了我的人生。

——《忏悔录》第 5 页

在日内瓦，谁也不督促我，我却喜欢学习，喜欢看书，那几乎是我唯一的消遣；到了包塞，功课使我对游戏发生了爱好，它起了调剂劳逸的作用。乡村对我真是太新奇了，我不知厌倦地享受着它。我对它产生了一种非常浓厚的兴趣，这种兴趣一直没有减退过。此后，在我所有的岁月中，我一想起在那里度过的幸福时日，就使我对这些年代在乡村的逗留和乐趣感到惆怅，直到我又返回乡村时为止。

——《忏悔录》第 7 页

我希望在一方面能有卓越的成就。假如不是由于我师傅蛮横无理，由于我所受的种种束缚，因而对工作感到厌烦的话，那么，我也许会达到这个目的了。

——《忏悔录》第 15 页

我不仅学到了纯正的意大利语，而且对文学也发生了兴趣，同时还获得了一定的鉴别好书的能力，这种能力在特里布女租书商那里是不会得到的，这对我后来从事单独写作有很大的帮助。

——《忏悔录》第 50 页

如果说自学有好处，那么我要说，它也有很大的坏处，最主要的是非常吃力。关于这一点，我体会得比任何人都清楚。

——《忏悔录》第一部，第297页

书信体的笔调我一直没有掌握好，因此我写这类东西简直等于受罪。我每次写信，就是写一些最无关紧要的事情，也需要艰苦劳动数小时；如果要我立即去写下我所想到的事情，那就既不知道怎样开始也不知道怎样收尾了；我写的信总是又长又乱、废话连篇，读起来几乎不知所云。

——《忏悔录》第56页

我不只是在表达思想方面有很大困难，甚至在领会思想方面也是如此。我曾对人们进行过观察，我自认为是一个相当好的观察家；然而我对眼前所看到的竟视而不见，而对于自己回忆起来的事情倒看得明晰清楚，我只是在回忆中才能显示出智慧。别人在我跟前所说和所做的，以及在我面前发生的一切事情，当时我是毫无感受，也不理解。打动我的仅仅是事物的表面现象。但是，后来所有这一切又再回到我的脑海中：地点、时间、声调、眼色、姿态和当时环境，我都能记起来，毫无遗漏。在这时候，我能够根据人们当时的言行发现他们的思想，而且差错很少。

——《忏悔录》第56页

我的才能大小就这样被确定了，适合于我的职业也这样被选好了，剩下的问题就是再次研究怎样履行我的天职。

——《忏悔录》第56页

夜间，我不能入睡，就尽我所能来写歌词。虽然这是我第一次写这类诗句，总算写得还可以，甚至还挺不错，至少可以说，要是让我前一天晚上写的话，就不能写得这样有味道，因为歌词的主题是围绕着一个情致缠绵的场面，而我这颗心这时正沉浸在里面。

——《忏悔录》第 66 页

  我当时年轻力壮，而且满怀希望，手边钱又充足，又是独自一人徒步旅行。不熟悉我的性格的人，看我把后者都算作乐事，是免不了要感到惊讶的。我那些甜蜜的幻想始终伴随着我，我那火热的想象力从来也没有产生过这么辉煌的幻想。如果有人请我坐上他车子里面的一个空座，或者有人在途中和我交谈，从而打乱了我在步行中所筑起的空中楼阁，我是会感到气愤的。我这一次所想的是军界生活。我要隶属于一位军人，我自己也要成为一个军人，因为人们已经决定让我做军官候补生。我觉得我已经穿上了军官制服，军帽上还有个漂亮的白色羽饰。一想到这样的气派，我就心花怒放了。

——《忏悔录》第 73 页

  我终生最大的憾事，就是没有写旅行日记，以致生活中的许多细节今天都记不得了。我任何时候也没有像我独自徒步旅行时想得那样多，生活得那样有意义，那样感到过自己的存在，如果可以这样说的话，那样充分地表现出我就是我。步行时有一种启发和激励我的思想的东西。而我在静静坐着的时候，却差不多不能思考，为了使我的精神活跃起来，就必须使我的身体处于活动状态。田野的风光，接连不断的秀丽景色，清新的空气，由于步行而带来的良好食欲和饱满精神，在小酒馆吃饭时的自由自在，远离使我感到依赖之苦的事物：这一切解放了我的心灵，给我以大胆思考的勇气，可以说将我投身在一片汪洋般的事物之中，让我随心所欲地大胆地组织它们，选择它们，占有它们。我以主人的身份支配着整个大自然。我的心从这一事物漫游到那一事物，遇到合我心意的东西便与之物我交融、浑然成为一体，种种动人的形象环绕在我心灵的周围，使之陶醉在甘美舒畅的感情之中。如果我竟有闲情逸致通过我的想象把这些稍纵即逝的景象描绘出来，那该用多么劲健的笔锋、多么鲜艳的色调和多么生动的语言来表现呀！

——《忏悔录》第 76 页

我虽然每天都认为已经到了生命的末日，但却更加奋勉地学习起来，就好像要永久活下去似的。别人都说这样用功学习对我有害。我却认为这对我有益，不仅有益于我的心灵，而且有益于我的身体，因为这样专心读书的本身对我就是一件乐事，我不再考虑我的那些疾病，痛苦也就因此而减轻很多。

——《忏悔录》第一部，第 288 页

我每读一个作者的著作时，就拿定主意，完全接受并遵从作者本人的思想，既不掺入我自己的或他人的见解，也不和作者争论。我这样想："先在我的头脑中储存一些思想，不管是正确的还是错误的，只要论点明确就行，等我的头脑里已经装得相当满以后，再加以比较和选择。"我知道这种方法并不是没有缺点的，但拿灌输知识的目的来说，这个方法倒是很成功的。

——《忏悔录》第一部，第 295 页

我认定用强记的方法可以加强记忆力，于是我坚持尽量多背一些东西，为此，我常常随身携带书本，以难以置信的毅力，一面干活儿，一面诵读和复习。我不知道为什么我这种顽强的，不间断的、无结果的努力居然没使我变成傻子。……这种死用功的习惯不久就成了一种怪癖，干活的时候，我几乎跟傻子似的嘴里不断在嘟哝和默诵什么东西。

——《忏悔录》第一部，第300—301页

学习正确地判断的最好方法是这样的：它要尽量使我们的感觉过程趋于简单，而且能够使我们不经过感觉也不至于判断错误。

——《爱弥儿——论教育》上卷，第266页

如果我给自己做结论，并向读者说："我的性格就是这样！"读者会认为，我虽不是在进行欺骗，至少是自己把结论下错了。但是我老老实实地详细叙述我所遇到的一切、所做过的一切、所想过的一切以及所感觉到的一切，这样就不会使读者误解，除非我有意这样做；而且，纵然我有意这样做，也不容易达到目的。把各种因素集拢起来，确定这些因素所构成的人是什么样的人，这都是读者的事情：结论应该由读者去做。这样，如果读者下错了结论，一切错误都由他自己负责。可是要做出正确的结论，仅只忠实的叙述还是不够的，我的叙述还必须是详尽的。判定哪件事重要或不重要，那不是我的事，我的责任是把所有的事都说出来，交由读者自己去选择。直到现在，我都是鼓足勇气，全力以赴，今后我还要坚持不懈地这样做下去。但是，对成年时代的回忆，无论如何，是不如对青年时代的回忆那样鲜明的。所以我开始时尽可能地利用我对青年时代的一些回忆。如果我的成年时代的回忆也是那样鲜明地浮现在脑际的话，不耐烦的读者也许会感到厌倦，但我自己是不会不满意的。我唯一担心的，不是怕说得太多或扯了谎，而是怕没有说出全部真相。

——《忏悔录》第80页

思考与实用结合,就能产生明确的概念,就能找到些简便方法,这些方法的发现激励着自尊心,而方法的准确性又能使智力得到满足,原来枯燥无味的工作,有了简便方法,就令人感到兴趣了。

——《忏悔录》第一部,第221页

滥读书的结果是有害于科学的研究的。当一个人自以为他已经晓得了他在书本中读到的东西时,他就以为他可以不去研究它了。读书读得太多,反而会造成一些自以为是的无知的人。

——《爱弥儿——论教育》下卷,第664页

只有一件事情我们不愿意做,那就是:承认我们对无法了解的事情是十分的无知。

——《爱弥儿——论教育》下卷,第364页

从敌人那里学得聪明、真诚、谦逊和不那么自负,是永远不会太迟的。

——《一个孤独的散步者的遐想》第70页

尽管我在有益的学识上可望获得的东西很少,但在我的处境所需要的德行方面,我还有很多重要的东西有待学习。我还来得及用我学到的东西去充实和点缀我的灵魂,也只有这种东西是我的灵魂能够随身带走的。

——《一个孤独的散步者的遐想》第45—46页

在那个荒岛上度过我生命的最后时光,因为这一生我专注于对人们所进行的各项研究,没有一项不是我在荒岛上孤独地做过的。我们

的信念很大程度上决定了我们所要做的事情。

——《孤独散步者的遐想》第32页

我成了费奈龙式的虔诚的教徒。在隐退中所作的沉思，对大自然的研究，对宇宙的冥想，使每一个孤独的人不断地向造物主奔去，并怀着微微的不安去探究他所见到的一切和这一切事物的起因。

——《孤独散步者的遐想》第33页

一个人只要对于学问有真正的爱好，在他开始钻研的时候首先感觉到的就是各门科学之间的相互联系，这种联系使它们互相牵制、互相补充、互相阐明，哪一门也不能独自存在。虽然人的智力不能把所有的学问都掌握，而只能选择一门，但如果对其他科学一窍不通，那他对所研究的那门学问也就往往不会有透彻的了解。

——《忏悔录》第一部，第291页

如果我连续研究几个不同的问题，即使毫不间断，我也能轻松愉快地一个一个地寻思下去，这一问题可以消除另一问题所带来的疲劳，用不着休息一下脑筋。于是，我就在我的治学计划中充分利用我所发现的这一特点，对一些问题交替进行研究，这样，即使我整天用功也不觉得疲倦了。

——《忏悔录》第一部，第292页

对于一个记忆力弱的人来说，是不适于研究文字学的，而我却正是为了增强我的记忆力才决心从事这种研究。最后，我不得不放弃了它。

——《忏悔录》第一部，第297页

为了正确审查一个专门问题，尽管你对各门科学的知识很广博，如果你在广博之外不加上对这一问题的专门研究，则远不如一个知识浅陋而对这一门却研究的既专又深的人。

——《忏悔录》第二部，第 353 页

我要开始观看我身外的事物，我胆战心惊地发现我被投入了这个巨大的宇宙之中，迷迷茫茫不识路径，宛如淹没在一望无边的生物的海洋里，既不知道它们是什么样子，也不知道它们之间以及它们和我有哪种关系。我研究它们，观察它们；而我想到应该拿来同它们加以比较的第一个对象，就是我自己。

——《爱弥儿——论教育》下卷，第 370 页

对个人的爱好进行争论，就会扩大哲学和人的知识范围，从而就可以学会如何思考。

——《爱弥儿——论教育》下卷，第 483 页

所有的人的心都是从同一点出发的，我们花时间去学别人的思想，就没有时间锻炼自己的思想，结果，学到的知识固然是多，但培养的智力却少。

——《爱弥儿——论教育》下卷，第 486 页

我得到的第一个收获是了解到：要把我探讨的对象限制在同我有直接关系的东西，而对其他的一切则应当不闻不问，除了必须知道的事物以外，即使对有些事物有所怀疑，也用不着操我的心。

——《爱弥儿——论教育》下卷，第 365 页

要么就彻底探讨，否则就不去管它们，让它们自行得出一个结果。因此必须首先把我的目光转向我自己，以便了解我要采用的工具，了解我把它用起来有多大的把握。

——《爱弥儿——论教育》下卷，第 367 页

我觉得人类的各种知识中最有用而又最不完备的，就是关于"人"的知识。

——《论人类不平等的起源和基础》第 62 页

我不只是在谈话时感情敏锐，思想迟缓，甚至我独自一人工作的时候也是这样。我的思想在头脑中经常乱成一团，很难整理出头绪来，这些思想在脑袋里盘旋不已，嗡嗡打转，像发酵似的，使我激动，使我发狂，使我的心怦怦直跳；在这种激动的情况下，我什么都看不清楚，一个字也写不出来，我只得等待着。后来，不知不觉地这种海浪般的翻滚渐渐平静下去，这种混沌局面慢慢地打开了，一切都按部就班地排列起来；但是这个过程很慢，而且是经过了一段长而混乱的动荡时期。……如果我善于等待，我就能把我所要表现的事物的美全部描绘出来，能超过我的作者恐怕没有几个。

——《忏悔录》第 138 页

因此，对我来说，写作是极端困难的。我的手稿屡经涂抹和修改，弄得乱七八糟，难以辨认，凡此都可以证明，我为写作付出了多么巨大的努力。在发排以前，没有一部手稿不是我誊写过四五遍的。我手里拿着笔，面对着桌子和纸张，是从来也写不出东西的。我总是在散步的时候，在山石之间，在树林里，或是在夜间躺在床上难以成眠的

时候，我才在脑袋里进行拟稿；大家可以想象，一个完全没有记性、一辈子都不曾背过六篇诗的人，写作起来该是多么迟缓了。所以，我的腹稿，有的段落要在我的脑袋里回转五六夜才能胸有成竹地写在纸上。

——《忏悔录》第一部，第 138—139 页

不论你生来有多大才能，写作艺术并不是一下子就能学到手的。

——《忏悔录》第二部，第 435 页

我感觉到，为面包而写作，不久就会窒息我的天才，毁灭我的才华。我的才华不在我的笔上，而在我的心里，完全是由一种超逸而豪迈的运思方式产生出来的，也只有这种运思方式才能使我的才华滋长。任何刚劲的东西，任何伟大的东西，都不会从一支唯利是图的笔下产生出来。需求和贪欲也许会使我写得快点，却不能使我写得好些。

——《忏悔录》第二部，第 497 页

除非你是个阴谋家，否则，你若是想为祖国的真正利益写书，你就不应该到祖国的怀抱中去写。

——《忏悔录》第二部，第 502 页

人家以为我也和所有别的文人一样，为谋生而写作，而实际上我是永远只晓得凭热情而写作的。

——《忏悔录》第二部，第 634 页

我必须在冬天才能描绘春天，必须蛰居在自己的斗室中才能描绘美丽的风景。我曾说过多次，如果我被监禁在巴士底监狱，我一定会

绘出一幅自由之图。

——《忏悔录》第一部，第 211 页

5. 孤　独

宁静的时候，我简直是疏懒和懦怯的化身；无论什么都使我害怕，无论什么都使我沮丧；一只苍蝇飞过，都吓我一跳，哪怕一句话，我都懒得讲，哪怕一个手势，我都懒得做，我的畏惧和羞耻心把我拘束到了极点，我真想藏到谁也看不见的地方。在我非动不可的时候，我不知道该怎样动；在我非说不可的时候，我不知道该怎样说；如果有人注视我，我便张皇失措。在我热情洋溢的时候，我也能够说几句漂亮话，但是，在日常谈话中，我简直无话可说，甚至连一句话也说不出来；而我又非说不可，所以我遇到日常谈话就苦不堪言了。

——《忏悔录》第 18 页

我以沉思默想书中曾使我最感兴趣的环境来自娱，我追忆那些环境，我改变它们，综合它们；我要变成我所想象的人物之一，并使我所设想的那些空中楼阁恰恰适合我的身份。我总是把自己放在我感到最称心如意的地位。到了最后，我已完全处在我所玄想的环境中，竟至把我极端不满的现实环境都忘掉了。由于我喜欢这种空中楼阁，又容易到那里去神游，结果，我就讨厌起我周围的一切，养成了爱好孤独的性格，从此以后，我始终是一个爱好孤独的人。乍看起来，这种性格显然是极端恨世的，十分阴郁的，然而实际上，它是从一颗充满热情、善良、温和、亲切的心产生出来的，而这颗心，由于找不到跟它相似的心，就不得不耽于幻想了。

——《忏悔录》第 20 页

这里面，大部分是关于我自己的。因为一个孤独者，他在运思的时候，自然会更多地想到自己。

——《一个孤独的散步者的遐想》第 9 页

唯独在这些孤独和沉思默想的时刻，我才是真正的我，才是和我的天性相符的我，我才既无忧烦又无羁束。

——《一个孤独的散步者的遐想》第 13 页

如今，我在世上落得孤零零一个人了。除了我自己，再没有兄弟、邻人、朋友、社会。一个最好交谊、最重感情的人，已被同心协力地驱除出人类。

——《一个孤独的散步者的遐想》第 1 页

他们曾使我油然而生的鄙视之情，使我觉得和他们交往令人兴味索然，甚至是一种累赘。我离群索居会比和他们混在一起更幸福百倍。

——《一个孤独的散步者的遐想》第 6 页

我在这个世界上万事皆休了：再没有谁能够对我行善或加害。在这个世界上，我一无所求，也无所畏惧了。我在这深渊之底倒落得清静自在，虽然不幸、倒霉，却和上帝一样超逸！

——《一个孤独的散步者的遐想》第 8 页

今后，我身外的一切都和我无缘了。在这个世界上，我再也没有邻人、知己、兄弟。我活在地球上，恍如活在一个陌生的星球上，我可能是从我原来居住的星球上坠落于此的。倘若我在自己周围认出了什么，那只有令人苦恼和痛心的一些事。

——《一个孤独的散步者的遐想》第 8 页

在这孤独的残年，既然我只能从自身中寻求慰藉、希冀与安宁，我没有必要、也无意为自己身外之物去劳神费力。我正是在这种境界中，继续着我先前称为"忏悔"的这一严肃而诚恳的自省。

——《一个孤独的散步者的遐想》第 8 页

我觉得我这一生清白无辜但命运多舛，已到了垂暮之年，心灵虽然依旧充满活泼的情感，精神依旧饰有几束花朵，但这些花已因忧伤而凋零，因烦恼而枯萎，我茕茕孑立，形影相吊，已经感到严冬酷寒开始了。

——《一个孤独的散步者的遐想》第 16 页

我丢开上流社会和它的浮华；我把所有的装饰品都抛开了；不带佩剑不揣怀表，不着白袜，不佩镀金饰物，不戴帽子，只有一副极为普通的假发、一套合身得体的粗布衣服；更重要的是，我从心底摈弃了利欲和贪婪，这就使得我所抛开的一切都变得无关紧要了。

——《一个孤独的散步者的遐想》第 33 页

我变得孤零零的了，抑或诚如他们所说，郁郁寡欢和愤世嫉俗了。因为，我仿佛宁可要最孤寂的生活，也不要与那帮背信弃义而又嫉恨他人的恶棍们鬼混在一起。

——《一个孤独的散步者的遐想》第 110 页

在我的生活中，孤独感越强，就越觉得要有什么去填补它的空虚。

——《一个孤独的散步者的遐想》第 116 页

我学会了毫无怨言地面对现实，力图一如既往地热爱那万千的事物，而当它们相继把我抛弃，直到我成了孤零零的一个人，举目无亲时，我最后又恢复了自身的平衡。因为，既然我不再依恋任何别的东西，我就依靠我自己。

——《一个孤独的散步者的遐想》第 126—127 页

当我白花了十年时间去寻觅一个知音，而终于不得不熄灭我手中提着的灯笼，高声叫道"这样的人已经绝迹了"时，我这才发现在这个世界上我是茕茕孑立、形影相吊的一个孤家寡人了。

——《一个孤独的散步者的遐想》第 127—128 页

我孤零零一个人，卧病床榻，很可能因贫困、饥饿和寒冷在病榻上一命呜呼，而且没有一个人会对此感到哀伤，但是，倘若我自己对此也不感到哀伤，倘若我也和别人一样对自己的命运（不管是哪一种命运）无动于衷，一生了却了又有什么要紧呢？当你学会了同样无动于衷地去看待生与死、疾病与健康、富贵与贫穷、荣誉与诽谤，这一切的确也就没有什么了。

——《一个孤独的散步者的遐想》第 132 页

陌生人的一个表情、一个手势、一道目光都足以扰乱我的快乐或平抚我的痛苦；我只有一个人独处时，我才完全属于我自己，否则，我就成了我身边的人的愚弄对象。

——《一个孤独的散步者的遐想》第 154—155 页

我喜欢孤寂，这有什么大惊小怪的呢？我在人们的脸上所见到的只是仇恨，而大自然对我才是笑脸相迎。

——《一个孤独的散步者的遐想》第 155 页

即使是处于这种可悲的田地，我也不会拿我自身的命运去和他们中的最幸运者交换。我宁愿是不幸的我，也不愿是那些鸿运亨通的人中的一个。

——《一个孤独的散步者的遐想》第 124 页

我如今成了什么样子，往后还会成为什么样子呢？一方面，我为自己的清白无辜而坦然，光想着世人对我的敬重和友爱；另一方面，那些背信弃义之徒却在暗地里用魔鬼的圈套将我缠绕。

——《一个孤独的散步者的遐想》第 39—40 页

我在尘世丧失了一切希望，在人世间再也找不到我心灵所需要的养料，因而渐渐习惯于用它自身去滋养它，所有的养料也从自身去寻找。

——《孤独散步者的遐想》第 15 页

与其与那些狠毒、邪恶、背信弃义的人在一起。还不如孤独、寂寞地生活。

——《孤独散步者的遐想》第 106 页

6. 看他人

　　那种通过询问去了解别人的冷淡态度，是自以为有学识的女人的通病。他们想丝毫不暴露自己的心事，而达到洞悉别人心事的目的；但是她们不了解，这样做会打消别人向她们暴露心事的勇气。一个男人只要受到这种询问，马上便会提防起来；如果他认为这并不是对他真正的关心，而只是要套他的话，那么，他的反应不是说谎就是一言不发，或者更加戒备；他宁肯让别人把他当作傻瓜，也不愿意受那好奇者的哄骗。一方面隐瞒自己的心事，一方面要了解别人的心事，这终究是个坏方法。

——《忏悔录》第 41 页

　　我从来没有见过比加迪埃先生更动人的相貌，他的头发是金黄色的，胡须近于赤褐色，他的风度和他家乡所有的人们一样，在憨厚的神色下蕴藏着很大的智慧。然而，他身上真正突出的是敏感、多情和热忱。他那双大蓝眼睛，具有亲切、温和和悲愁的混合情调，使得别人见了他，就不能不关心他。从这位可怜的年轻人的眼光和声音看来，简直可以说，他已经预知自己的命运，而且感到自己生来就是为了受苦的。

——《忏悔录》第 56 页

　　法国人在他们感情流露的时候，并没有什么虚伪的东西；他们的天性是乐于助人，待人宽厚亲切，甚至，不管别人怎样说，他们比任何民族都更纯真，只是他们有些轻浮，有点儿变幻无常。他们向你表示的感情就是他们心里存在的感情，不过，这种感情来得快，也消逝得快。在他们和你面谈的时候，他们对你满腔热情，但一旦离开你，他们马上就把你忘了。他们心里不存事，一切都是转瞬即逝的。

——《忏悔录》第 73 页

由于我确信别人不会让我看见事情的真相，我就乐得不根据别人制造的表象去作判断，不管别人给行动的动机饰上多么诱人的外表，只要在我力所能及的范围内，我就可以肯定这些动机是骗人的。

——《一个孤独的散步者的遐想》第 95 页

我见过许多言谈远比我博学的人物。但是，他们的哲学简直可以说跟他们本人是无缘的。为了显示比别人更有学问，他们研究宇宙，了解它的排列，就像他们会去研究他们偶尔发现的某种机器那样，纯属好奇。他们研究人性，是为了高谈阔论，而不是认识自我；他们致力于教育别人，却从不启迪自己的内心；他们当中好些人只是为了著书，不管什么样的书，只要写出来受欢迎就行。他们的书一旦写出来和印出来，除了设法使别人接受和当书受到攻击而需要为它作一番辩护外，书中的内容无论如何再也引不起他们自己的兴趣。此外，他们压根儿不从中汲取点什么为自己所用，只要没有受到非难，甚至连书中所讲的是真是假也不屑一顾了。

——《一个孤独的散步者的遐想》第 29—30 页

我甚至不相信，这些人所鼓吹的，并热切要求别人去接受的观点，当真就是他们自己的观点。他们用来主宰自己理论的激情和要人相信这、相信那的过分热情，叫人无法理解他们自己相信什么。

——《一个孤独的散步者的遐想》第 35 页

  我见过某些上流社会称为真实的人,他们的全部真实都用在无聊的闲谈中,忠实地列举时间、地点、人物。他们不许自己作任何假设,对任何情况加枝添叶和进行夸张。凡不涉及他们的事情,他们都以最不可违背的忠实娓娓叙来。可一旦涉及到对待某个与他们有牵连的事件,谈及某个触犯他们的事实,他们便使出浑身的解数,把事情说得对他们最有利。倘若撒谎对他们有利,他们决不会克制自己不去撒谎。他们巧妙地利用这一手段,让人能够接受而又不会罪之撒谎。因此,精明需要撒谎,再见吧,真诚。

——《一个孤独的散步者的遐想》第 57—58 页

  我将心中的真实人与别人做了区别:对于任何无需付出代价的真理,上流社会的人是忠实的,决不越出雷池一步;而被我称为真实的人,他们都是在必须为真理作出牺牲时,才忠实地效力它。

——《孤独散步者的遐想》第 57 页

  一个喜欢深思的人,心灵就越敏感,而对这种和谐的境界更加向往。他的感官被沉静、甜美的幻想所吸引。他觉得自己和广袤的大自然融合为一体,并在其中沉醉着。于是,一切个别、具体的事物他就再也看不见了,他所感受到的完全是一个整体,只有在特殊的情况下控制了他的想象力,他才能局部地观察世界。

——《孤独散步者的遐想》第 102 页

  一个闲暇、懒散、孤独的人最适合去研究植物学,因为,他观察所需要的全部的工具只是一把尖刀、一个放大镜就可以了。

——《一个孤独的散步者的遐想》第 109 页

命运攻击我们的时候，我们容易感知到肉体上的痛苦。当不幸的人不知道应该把他们的不幸归咎给谁的时候，就会把不幸归咎于命运，并把命运人格化，觉得它长了眼睛，有了思想，存心来折磨人。就像一个输得精光的赌徒，他异常愤怒却不知向谁发泄。于是，他就认为是命运在捉弄他，当有了一个发泄的对象之后，他就把满腔的愤怒统统喷向这个臆想出来的敌人。明智的人则把降临到身上的所有不幸当成盲目的客观必然性对他的打击，这样他就不会缺乏理智了。在痛苦的时候，他也会高声叫喊，但他不会怒火冲天。他遭到不幸的时候，只能感到皮肉的痛苦，这些攻击尽管能伤害他的身体，但他的心灵却不会受到伤害。

——《孤独散步者的遐想》第 124 页

军人本身具有的坦诚使他们不能像其他人那样用一个虚伪和奸诈的面具来掩饰自己的敌视，他们公然向我表示了最为强烈的仇恨。难以想象的是，有些人竟不加任何掩饰地发泄他们的怨恨。

——《孤独散步者的遐想》第 148 页

我来到安纳西的时候，她①已在这里住了六年，她是和本世纪一同诞生的，当时二十八岁。她的美不在面貌上，而是在风姿上，因此经久不衰、现在仍保持着当初少女的风采。她的态度亲切妩媚，目光十分温柔，嫣然一笑好像一个天使，她的嘴和我的嘴一般大小，美丽的灰发也是很少见的，她漠不经心地随便一梳，就增添了不少风韵。她的身材不高，甚至有点矮小，致使她的体态稍嫌矮胖，虽然没有什么不相称的地方，但是，要找比她那样更美的头、更美的胸部、更美的

---

① 指华伦夫人。

手和更美的胳膊，那是办不到的事。

　　　　　　　　　　——《忏悔录》第一部，第57—58页

　　她那爱人而又温和的性格，她那对不幸者的同情，她那无限的仁慈，她那愉快、开朗而率直的性情从来没有改变。甚至就是在她接近晚年陷入贫困、疾病和种种灾难的时候，她那爽朗的美丽灵魂仍然使她保持着最幸福时日的愉快，直到死亡。

　　她的一些谬误的根源在于她总想利用她那取之不尽的精力从事各样活动。

　　　　　　　　　　　　——《忏悔录》第一部，第58页

　　父亲不仅是个正人君子，而且是个耿直的人，他有一个坚强的灵魂，足以构成弘毅之德。

　　　　　　　　　　　　——《忏悔录》第一部，第64页

　　我十分了解我父亲的慈爱和美德，他的这种行为促使我自己反省，这种反省大大帮助我保持心灵的健全。从这里，我得出了一种道德上的重大教训，这或许是唯一的富有实际效用的教训：我们要避免我们的义务与我们的利益发生冲突，避免从别人的灾难中企望自己的幸福；我确信，一个人处于这种情况的时候，不设法避免，那就不管他的心地多么善良和公正，迟早会不知不觉地衰颓下去，事实上会变成邪恶的和不公正的。

　　　　　　　　　　　　——《忏悔录》第一部，第65页

　　这个人是个富于钻营的天才，经常在神甫们当中鬼混，装出向神甫们殷勤效力的样子。他曾在神甫的学校里学会了一种虔诚的信徒的语言，他就不断援用这种语言，自以为是一个伟大的传道家。他只会圣经中的一段拉丁文，却装作会一千段似的，因此他每天要重述一千遍，此外，只要他知道别人的钱袋里有钱，他就不会没钱花；说他是个骗子倒不如说他是个机灵鬼，他用一种诱募士兵的军官的口吻来进行虚假的说教，好像当年隐居的修士彼得腰间挎着剑宣传十字军似的。

——《忏悔录》第一部，第 66 页

这位神甫比较年轻，健谈善辩，就是说，会编冗长的句子，并且非常自满。其实真有学问的人从来也不会那么自满的。

——《忏悔录》第一部，第 77 页

她为人正直、真诚、仁慈、无私；她信守诺言，忠于朋友，忠于自己认为应该遵守的责任；她既不会对人进行报复，也不会憎恨别人，她甚至不能理解，为什么宽恕竟然算作一种了不起的美德。

——《忏悔录》第一部，第 246 页

这个十分可爱的人和其他人一样，也有自己的缺点，读者以后可以看到；但是，他如果没有这些缺点，说不定就不会那样可爱了。为了能成为一个引人注目的人物，他也应该有需要别人原谅的事情。

——《忏悔录》第一部，第 264 页

在我和这几位先生讨论的过程中，我深信，即确实而又惊讶地深信，学者们固然有时比一般人的成见少，但是另一方面，他们对已有的成见却坚持得比一般人更厉害。

——《忏悔录》第二部，第 352 页

他没有他的国人共有的那种狂热的民族情绪，报复观念不能钻进他的头脑，正如情欲不能钻进他的心灵。他太豪爽了，不可能记仇怀怨，我常听他十分冷静地说，任何尘俗人也不能触犯他的灵魂。他风流俊雅而不缠绵悱恻。他跟女人在一起游玩就和跟漂亮的孩子们在一起游戏一样。他喜欢跟朋友的情妇在一起，但是从来没有见到他有过情妇，也没有发现他有过找情妇的念头。他心里燃烧着的道德之火从来不容许他的情欲之火产生出来。

——《忏悔录》第二部，第407页

这位心灵和头脑同样明哲的人是善于知人的，他做了我的朋友，这就说明不是我的朋友的人是怎样的人了。

——《忏悔录》第二部，第407页

他既不能专心钻研，又喜欢游乐，这就只能使他在各方面都仅仅一知半解。可是，好处也就在他的一知半解很多，要在上流社会里出头露面，所需要的也只是如此而已。

——《忏悔录》第二部，第682页

虽然我清楚地感觉到，一个有这样性格的女人是多么可怕，但是我还是宁愿挨她的仇恨的大棒，也不愿遭她的友谊的灾殃。

——《忏悔录》第二部，第686页

他的表情泰然自若而不妄自尊大，他的态度从容而不傲慢。粗暴的样子是做奴隶的人才有的，独立自主的人是一点也不矫揉做作的。我从来没有看见过哪一个心灵高尚的人把他的高尚显露于言表，装模作样的神气是心地邪恶和空虚的人才有的,因为他们除了这种神气以外,就没有其他的东西可显示的。

——《爱弥儿——论教育》下卷,第475页

历史所描述的是动作而不是人,因为它只能够在几个选定的时刻,在他们衣冠楚楚的时候抓着他们的样子来描写,它所展示的,只是经过事先的安排而出现在公众面前的人,它不能跟着他到他的家中、到他的私室中、到他的亲友中去看一看,它只是在扮演什么角色的时候描绘他,因此,它所描绘的是他的衣服而不是他那个人。

为了着手研究一个人的心,我倒要看一看他的个人生活,因为这样一来,那个人要逃也逃不掉了,历史学家到处都跟踪着他,不让他有一会儿喘息的机会,不让他躲在任何角落里逃避观众的锐利的眼睛,正是当他自以为躲得很好的时候,历史学家反而把他看得清清楚楚。

——《爱弥儿——论教育》上卷,第319—320页

如果真有这么一个人,他为了防止我逃跑或者杀死他,必然要下定决心时刻盯着我,即使是在睡觉的时候,也要十分警觉。这就是说,他不得不使自己陷入相比于他力图避免的和加诸于我身上的麻烦更多的麻烦中。毕竟,他的警惕只要懈怠片刻,或者一个意外的声音使得他转了一下头,我就能够闪开他二十步远,逃入森林,从此,我身上的束缚就解开了,而他一生中就再也不会看到我了。

——《论人类不平等的起源》第41页

大家的思考方法和感觉与他的是完全一样的。这个重要的真理,一旦彻底地植根于他的头脑,就促使他在与他人的交往中通过与推理的方法同样珍贵并且更为有效的直觉,遵循对于他的个人利益和安全

最为有利的行为准则。

——《论人类不平等的起源》第 48 页

一切有意的错误都被认为是侮辱，因为在受冒犯者看来，在由损害所产生的各种损失中，对他本人的侮辱常常是比身体伤害本身更加无法忍受的。

——《论人类不平等的起源》第 54 页

7. 人

大多数人都是在运用力量已经太晚的时候，才埋怨缺乏力量。

——《忏悔录》第 33 页

大部分人对于既给人以无限烦恼又使人觉得十分甜蜜的充沛生活，都在它尚未到来之前，便陶醉在渴望里，预先尝到了美味。

——《忏悔录》第 46 页

假使每个人都能洞悉别人心里所想的，那么他就会发现，愿意退后的人一定会多于想往上爬的人。

——《忏悔录》第 47 页

这个小矮子，身体方面虽然受到大自然的冷遇，但是在智慧方面却得到了补偿。

——《忏悔录》第 68 页

有时候我的理智竟处于一种不可思议的错乱状态，使我完全变成另一个人。

——《忏悔录》第 68 页

由于我深深认识到自己的愚蠢，我羞愧、懊悔，对自己竟落到这种地步感到难过和失望，我不能再把这一切憋在心里了。

——《忏悔录》第 71 页

除了上帝之外，我认为再也没有比人类更高级的了；如果要我在各种生物的行列中选择我的位置的话，我除了选择做人以外，还能选择别的吗？

——《爱弥儿——论教育》下卷，第 380 页

当我思索人的天性的时候，我认为在人的天性中发现了两个截然不同的本原，其中一个本原促使人去研究永恒的真理，去爱正义和美德，进入智者怡然沉思的知识的领域；而另一个本原则使人故步自封，受自己的感官的奴役，受欲念的奴役，而欲念是感官的指使者，正是由于它们才妨碍着他接受第一个本原对他的种种启示。

——《爱弥儿——论教育》下卷，第 381 页

人性的首要法则，是要维护自身的生存，人性的首要关怀，是对于其自身所应有的关怀，而且，一个人一旦达到有理智的年龄，可以自行判断维护自己生存的适当方法时，他就从这时候起成为自己的主人。

——《社会契约论》第 9 页

人的优点要比财富更有理由值得重视。

——《社会契约论》第 93 页

我周围都是善良可亲的人，我见到的人也都是很好的榜样，我能坏到哪里去呢？

——《忏悔录》第 5 页

不过，对于法国人也应该说句公道话，他们并不是像人们所说的那样信口许诺，他们的诺言差不多都是真诚的，不过他们往往做出一种关心你的态度，这比语言更能欺骗你。瑞士人说的那套笨拙的恭维话只能欺骗傻子；法国人的态度之所以更有魅力，就是因为比较单纯些，往往使你觉得：法国人不愿意把他们要为你做的事都告诉你，为的是使你将来能有意外的快乐。我还有进一步的看法：在他们感情流露的时候，并没有什么虚伪的东西，他们的天性是乐于助人、待人宽厚亲切，甚至不管别人怎样说，他们比任何民族都更纯真，只是他们有些轻浮，有点变幻无常。他们向你表示的感情就是他们心里存在的感情，不过，这种感情来得快，也消逝得快。在他们和你面谈的时候，他们对你满腔热情，但一旦离开你，他们马上就把你忘了。他们心里不存事，一切都是转瞬即逝的。

——《忏悔录》第一部，第 196—197 页

就拿一个最通达事理、最想得开、情欲最淡薄的女人来说，在她眼中，一个男人（即使是对她最无所谓的一个男人）的最不可饶恕的罪过，是他能够占有她而却偏偏予以拒绝。

——《忏悔录》第一部，第 332 页

女子之所以能够驾驭男人，并不是由于男人愿意受她们的驾驭，而是由于大自然要这样做：她们还没有在表面上制服男子以前，就已经是在驾驭男子了。

——《爱弥儿——论教育》下卷，第 511 页

妇女和男子是彼此为了双方的利益而生的，但是他们和她们互相依赖的程度是不相等的：男子是由于他们的欲望而依赖女人的，而女人则不仅是由于她们的欲望，而且还由于她们的需要而依赖于男人；男人没有女人也能够生存，而女人没有男人便不能够生存。

——《爱弥儿——论教育》下卷，第 517 页

无论天性或理性，都不可能使一个妇女爱男人身上跟她相同的地方，反过来说，她也不应该为了取得男人的爱就学男人的样子。

——《爱弥儿——论教育》下卷，第 518 页

做妻子的如果泼辣和顽强的话，其结果是只会增加她的痛苦和丈夫的错误行为的；如果她们想征服他们，就不能使用这种武器。

——《爱弥儿——论教育》下卷，第 526 页

一个女人可以用化妆品来使她一出风头，但要获得别人的喜爱，还是要依赖她的人品。

——《爱弥儿——论教育》下卷，第 529 页

一个在化妆室花六个小时打扮的女人，是完全知道她并不比一个只用半小时打扮的女人好看的，然而她可以借此机会花去许多厌倦的

时间，用这个办法消一消遣，总比一事不做好得多。

——《爱弥儿——论教育》下卷，第 531 页

男人说他所知道的话，而女人则说她使别人喜欢的话；前者说话需要具备知识，而后者说话则需要具备风趣；前者说话的主要目的是讲述有意义的事情，而后者说话的目的则是讲述有趣味的事情。

——《爱弥儿——论教育》下卷，第 536 页

一般地说，在人和人的交往中，男人的礼貌表现在予人以帮助，而女人的礼貌则表现在对人体贴。其所以有这种区别，绝不是因为社会的习惯使然，而是自然而然产生的。男人好像处处都想为你效劳，而女人则处处都想使你感到欢喜。

——《爱弥儿——论教育》下卷，第 536 页

如果女人能够像男人那样穷究种种原理，而男人能够像女人那样具备细致的头脑，则他们彼此将互不依赖，争执不休，从而使他们的结合也不可能继续存在。

——《爱弥儿——论教育》下卷，第 538 页

一个敏感的男人，宁可单独一个人受女人的恶劣对待，也不愿意同其他的人一起受她的恩爱。

——《爱弥儿——论教育》下卷，第 549 页

机智、透彻和细致的观察是女人的一门学问，她们有没有才能，就表现在她们是不是能善于运用这门学问。

——《爱弥儿——论教育》下卷，第 551 页

她们需要具备多么高明的手腕才能使男人看出她们急于倾吐的热情啊！她们需要经过多么艰苦的学习，才能一方面既可打动男人的心，另一方面又要在表面上显得对他们满不在乎！

——《爱弥儿——论教育》下卷，第 551 页

你为什么说女人害羞的样子是一种虚伪的表现呢？难道说丧失了羞耻心的女人反而比害羞的女人更真诚吗？不，这样的女人比其他的女人还虚伪一千倍。

——《爱弥儿——论教育》下卷，第 552 页

妇女的心思比男人的心思细致，男人的天才比女人的天才优厚；由女人进行观察，由男人进行推理，这样配合，就能获得单靠男人的心灵所不能获得的更透彻的了解和完整的学问。

——《爱弥儿——论教育》下卷，第 554 页

一个人如果爱他自身更甚于爱他的财富的话，就能保持他运用思想的习惯。

——《爱弥儿——论教育》下卷，第 363 页

凡是爱国者对外国人都是冷酷的：在他们心目中，外国人只不过是人，同他们是没有什么关系的。

——《爱弥儿——论教育》上卷，第 5 页

一切动物都只有保存它自己所必需的能力，唯有人才有多余的能力。可是，正因为他有多余的能力，才使他遭遇了种种不幸，这岂不

是一件怪事？

——《爱弥儿——论教育》上卷，第 70 页

对自己现在的力量感到满足的人，就是强者；如果想超出人的力量行事，就会变得很柔弱。

——《爱弥儿——论教育》上卷，第 70 页

把一切能够得到的东西都看作是自己的，这是人的一种天性。

——《爱弥儿——论教育》上卷，第 79 页

我们把这一点作为不可争辩的原理，即：本性的最初的冲动始终是正确的，因为在人的心灵中根本没有什么生来就有的邪恶，任何邪恶我们都能说出它是怎样和从什么地方进入人心的。

——《爱弥儿——论教育》上卷，第 88 页

人是善于模仿的，动物也是一样；爱好模仿，是一种良好的天性，不过，这种爱好在社会中已经变成一种恶习了。猴子模仿它所畏惧的人而不是模仿它所轻视的动物，它认为比它优越的人的举动一定是好的。而我们则恰恰相反，我们的各种丑角之所以模仿美好的行为，是为了贬低它们的价值，是为了把它们弄得可笑；由于他们感到自己卑贱，所以就力图使自己能够跟比他们高尚的人列于同等的地位；即使在他们竭力模仿他们所钦佩的行为时，我们也可以从他们所选择的对象中看出这些模仿者的旨趣是虚假的，因为他们的意图是想欺骗别人，是要别人赞赏他们的才能，而不是使自己变得更好或更聪明。我们模仿别人，其根源就在于我们常常想使自己超越自己的地位。

——《爱弥儿——论教育》上卷，第 107 页

现实的利益才是最大的动力,才是使人走得又稳又远的唯一的动力。

——《爱弥儿——论教育》上卷,第 128 页

一个贪图口福的人的心思,完全贯注在他的一张嘴里,他一切都为了吃,他愚蠢无能,只有在饭桌上才有他的一席地位,他只懂得品评菜肴。

——《爱弥儿——论教育》上卷,第 184 页

一个人在那里坐吃不是他本人挣来的东西,就等于是在盗窃,在我看来,一个人如果一事不做而靠政府的年金生活的话,就同抢劫行人的强盗没有分别。

——《爱弥儿——论教育》上卷,第 249 页

劳动是社会的人不可豁免的责任。任何一个公民,无论他是贫或是富,是强或是弱,只要他不干活,就是流氓。

——《爱弥儿——论教育》上卷,第 249 页

人之所以合群,是由于他的身体柔弱;我们之所以热爱人类,是由于我们有共同的苦难,如果我们不是人,我们对人类就没有任何责任了。

——《爱弥儿——论教育》上卷,第 288 页

一个幸福的人的面孔,将引起别人对他的妒忌,而不会引起别人对他的爱慕。我们将诉说他之所以过得格外舒服,是因为他窃取了他

不应当享受的权利；同时，就我们的自私心来说，是更加感到痛苦的，因为它使我们觉得这个人已不再需要我们了。

——《爱弥儿——论教育》上卷，第 289 页

人的感受不是单独一方面的；我有意志，我又可以不行使我的意志，我既觉得我受到奴役，同时又觉得我很自由；我知道什么是善，并且喜欢善，然而我又在作恶事，当我听从理智的时候，我便能够积极有为，当我受到欲念的支配的时候，我的行为便消极被动；当我屈服的时候，我最感到痛苦的是，我明知我有抵抗的能力，但是我没有抵抗。

——《爱弥儿——论教育》下卷，第 381 页

如果承认爱自己甚于爱一切是人的一种自然的倾向，如果承认最基本的正义感是人生而有之的，如果承认这些的话，谁要是再说人是一个简单的生物，那就请他解释一下这些矛盾，他解释清楚了，我就承认只有一种实体。

你要注意的是，"实体"这个词我一般是用来指赋有某种原始性质的存在的，不包括任何特殊的和第二性的变异。

——《爱弥儿——论教育》下卷，第 381 页

一般地说，知识少的人，讲话讲得特别多，知识多的人，讲话反而讲得很少。这个道理很简单，因为无知的人总以为他所知道的事情很重要，应该见人就讲。但是，一个有教养的人是不轻易炫耀他肚子里的学问的，他可以讲很多的东西，但他认为还有许多的东西是他讲不好的，所以他就闭着嘴巴不讲。

——《爱弥儿——论教育》下卷，第 474 页

人啊，别再问是谁作的恶了，作恶的人就是你自己。除了你自己所作的和所受的罪恶以外，世间就没有其他恶事了，而这两种罪恶都来源于你的自身。

——《爱弥儿——论教育》下卷，第 386 页

最有学问和最有见识的人总是很谨慎的。

——《爱弥儿——论教育》下卷，第 422 页

当每一个人都自以为是，都认为只有他说得对而别人都说得不对的时候，骄傲和不容易说的做法将导致多么荒唐的事情。

——《爱弥儿——论教育》下卷，第 427 页

当人类的弱点使我们不能不在两害当中选择其一的时候，我们总是选择那个程度较轻的害处的，因为，我们宁可做一件错事，而不愿意染上一种恶习。

——《爱弥儿——论教育》下卷，第 471 页

当一个人觉得自己是最糟糕的时候，他是害怕同任何人进行比较的，他事事想争第一，以减轻他讨人憎恨的程度。

——《爱弥儿——论教育》下卷，第 496 页

一个被酒色淘空了身子的老色鬼，既不讨人喜欢，也不会体贴别人，而且脸皮又厚，不知羞耻，所以，任何一个女人只要懂得什么样的人可爱，她就不会爱他的，这种老色鬼知道要弥补他的这些缺点，就要赶快趁一个无知的少女没有经验的时候使她冲动春情。

——《爱弥儿——论教育》下卷，第 496 页

一般的人是最害怕受到人家的嘲笑的，结果反而处处都受到人家的笑话。

——《爱弥儿——论教育》下卷，第498页

一个善于欣赏和真正懂得逸乐的人，是不需要有金钱的，只要他有自由和自己做自己的主人就行了。

——《爱弥儿——论教育》下卷，第503页

最不幸的是：人类所有的进步，不断地使人类和它的原始状态背道而驰，我们越积累新的知识，便越失掉获得重要的知识的途径。这样，在某种意义上说，正因为我们努力研究人类，反而变得更不能认识人类了。

——《论人类不平等的起源和基础》第63页

一个人并非仅仅由于他接受了后天的智慧的教训，才对别人尽他应尽的义务，而是，只要他不抗拒怜悯心的自然冲动，他不但永远不会加害于人，甚至也不会加害于其他任何有感觉的生物，除非在正当的情况下，当他自身的保存受到威胁时，才不得不先爱护自己。

——《论人类不平等的起源和基础》第67—68页

实际上，我所以不应当伤害我的同类，这似乎并不是因为他是一个有理性的生物，而是因为他是一个有感觉的生物。这种性质，既然是人与禽兽所共有的，至少应当给予禽兽一种权利，即在对人毫无益处的情况下，人不应当虐待禽兽。

——《论人类不平等的起源和基础》第68页

如果自然曾经注定了我们是健康的人，我几乎敢于断言，思考的状态是违反自然的一种状态，而沉思的人乃是一种变了质的动物。

——《论人类不平等的起源和基础》第 79 页

自然支配着一切动物，禽兽总是服从；人虽然也受到同样的支配，却认为自己有服从或反抗的自由。而人特别是因为他能意识到这种自由，因而才显示出他的精神的灵性。

——《论人类不平等的起源和基础》第 83 页

人的最原始的感情就是对自己生存的感情；最原始的关怀就是对自我保存的关怀。

——《论人类不平等的起源和基础》第 112 页

社会中的公民终日勤劳，而且他们往往为了寻求更加勤劳的工作而不断地流汗、奔波和焦虑。他们一直劳苦到死，甚至有时宁愿去冒死亡的危险，来维持自己的生存，或者舍弃生命以求永生。他们逢迎自己所憎恶的显贵人物和自己所鄙视的富人，不遗余力地去博得为那些人服务的荣幸，他们骄傲地夸耀自己的卑贱，夸耀那些人对他们的保护，他们以充当奴隶为荣，言谈之间，反而轻视那些未能分享这种荣幸的人们。

——《论人类不平等的起源和基础》第 147 页

可爱而有德行的女同胞们，你们女性的命运将永远支配着我们男性的命运。

——《论人类不平等的起源和基础》第 60 页

那么，把所有的只能使我们认识已经变成现今这个样子的人类的那些科学书籍搁置一旁，来思考一下人类心灵最初的和最简单的活动吧。我相信在这里可以看出两个先于理性而存在的原理：一个原理使我们热烈地关切我们的幸福和我们自己的保存，另一个原理使我们在看到任何有感觉的生物，主要是我们的同类遭受灭亡或痛苦的时候，会感到一种天然的憎恶。我们的精神活动能够使这两个原理相互协调并且配合起来。在我看来，自然法的一切规则正是从这两个原理（这里无须再加上人的社会性那一原理）的协调和配合中产生出来的。

——《论人类不平等的起源和基础》第 67 页

在禽兽的动作中，自然支配一切，而人则以自由主动者的资格参与其本身的动作。禽兽根据本能决定取舍，而人则通过自由行为决定取舍。

——《论人类不平等的起源和基础》第 82 页

设想存在一个无欲无惧的人自找麻烦地去不断思考，是一件不可思议的事情。相反地，我们的需要和知识的发展也是情感的根源，因为一个人只有在他头脑中对某一事件有了观念的时候，他才会有期望和恐惧。

——《论人类不平等的起源》第 14 页

人类生来就是要一直停留在那里的，并且这种状态是人类真正的青春；后来的一切进步表面上是个人的完善，但事实上却使得人类堕落。

——《论人类不平等的起源》第 55 页

社会中的公民为了寻求一份更加艰苦的差事而不断地奔波、流汗、忐忑、受折磨。他一直工作到死，甚至为了维持生活不惜冒着死亡的危险，或者为了获得不朽的声名而舍弃生命。他迎合那些自己所憎恶的权贵和自己所鄙视的富人，他竭尽全力去争取为他们服务的荣幸；他虚荣地夸耀他的卑贱和他们对他的保护；他们为自己是他们的奴隶感到骄傲，言谈之间透露出对那些不能分享到这种荣幸的人们的轻蔑。

——《论人类不平等的起源》第 87 页

野蛮人过着自己的生活，社会人总是活在他人之中。社会人只知道如何生活在他人的意见中，也就是说，他对自己存在的感觉仅仅来源于他人的判断。

——《论人类不平等的起源》第 88 页

我们仅仅是徒有其表的：我们轻佻狂妄，我们具有的仅仅是缺乏道德的荣誉，缺乏智慧的理性和缺乏幸福的快乐。

——《论人类不平等的起源》第 89 页

人类是作恶多端的，如果他们竟然不幸生来就有智慧的话，他们就会更坏了。

——《论科学与艺术》第 14 页

贤人哲士是决不追求运气的，然而他对于光荣却不能无动于衷；当他看到光荣的分配是如此不公平，他的德行——那是一点点竞争所激发起来的，而且还有利于社会——就会消沉而且会湮没于潦倒无闻之中。

——《论科学与艺术》第 26 页

终其一生都只是一个蹩脚的诗客，或者是一个低劣的几何学家的人也许能成为一个伟大的工匠。

——《论科学与艺术》第 29 页

我看无论哪个穷人，只要他不幸而有一颗好心、一个美丽的女儿和一个强横的邻居，他就倒霉透顶了。

——《论政治经济学》第 35 页

一个人并非由于接受了后天有关智慧的教育而对他人履行义务，只要他不抗拒内心深处同情心的涌动，他就永远不会伤害其他的人，甚至是其他有感觉的生物。

——《论人类不平等的起源》第 7 页

随着人类的繁衍，人们的痛苦也就随人数的增加而增加。

——《论人类不平等的起源和基础》第 112 页

在富人方面，他们一认识了统治的快乐，便立即鄙弃一切其他的快乐。并且，因为他们可以利用旧奴隶来制服新奴隶，所以他们只想征服和奴役他们的邻人。他们好像饿狼一样，尝过一次人肉之后，便厌弃一切别的食物，而只想吃人了。

——《论人类不平等的起源和基础》第 126 页

我所说的真实的人与别人的区别就在于：社交界的人对任何无须他付出代价的真理是忠实的，但决不会越雷池一步，而我称为的真实人，从来都是在必须为真理作出牺牲时，才那样忠实地为之效力。

——《一个孤独的散步者的遐想》第 58—59 页

人的一切天性爱好，包括行善在内，它们最初都是有益的，一旦草率地、不经选择就应用于社会，就肯定会变质，以至于变成有害的东西。

——《孤独散步者的遐想》第 85 页

杰出的人才是由力量和自由造就的，而无赖则是懦弱和约束的产物。

——《孤独散步者的遐想》第 91 页

人是骗子，他们要别人相信他的话，并按照他们的意思办事，然而他们的话却又建立在别人的权威之上。

——《孤独散步者的遐想》第 103 页

8. 人　生

在我的一生中，从没有过因考虑贫富问题而令我心花怒放或忧心忡忡的时候。在我那一生难忘的坎坷不平和变化无常的遭遇中，我常常无处安身，忍饥受渴，但我对豪华富裕和贫穷饥寒的看法却始终不变。必要的时候，我很可能和别人一样，或是乞讨，或是偷窃。很少有人像我这样叹息过，也很少有人在一生中像我流过那样多的眼泪；但是我从来没有因为贫穷或怕陷入贫穷而发出一声叹息或掉过一滴眼泪。

——《忏悔录》第 52 页

人生是很短促的，我们之所以这样说，不是由于它经历的时间少，而是由于在这很少的时间当中，我们几乎没有功夫去领略它。死亡的时刻固然同出生的时刻相距得很远，如果当中的时间不是很好地度过的话，也可以说人生是极其短促的。

——《爱弥儿——论教育》上卷，第272页

生活得最有意义的人，并不就是年岁活得最大的人，而是对生活最有感受的人。

——《爱弥儿——论教育》上卷，第11页

可爱的年轻人，你为人要真诚而不骄傲，要懂得如何保持你的浑厚的天真，这样，你才不会欺骗你自己或欺骗别人。万一你的才识使你能够向他人述说你的见解，你就应当始终按照你的良心去说，而不要计较是不是会受到人家的称赞。

——《爱弥儿——论教育》下卷，第467页

利己之心使我们受到迷惑，只有正义的希望才不会使我们误入歧途。

——《爱弥儿——论教育》下卷，第438页

不要使你的生命屈从于穷困和失望的念头，不要屈辱地把你的生命交给外人摆布，从今不吃那令人发呕的施舍的面包。

——《爱弥儿——论教育》下卷，第435页

我的出生使母亲付出了生命，我的出生也是我无数不幸中的第一

个不幸。

——《忏悔录》第一部，第 4 页

长时间面对面地待在屋子里，什么事也没有，一个劲儿地东拉西扯，这是最能使人的思想变得狭隘，最能惹是生非，钩心斗角、造谣中伤的了。

——《忏悔录》第一部，第 250 页

宝贵而令人留恋的时光呀！请再为我开始一次你们那可爱的历程吧；如果可能的话，请在我的回忆里走得慢一些，虽然实际上你们都是那样飞快地过去了。

——《忏悔录》第一部，第 279—280 页

我看不出来未来有什么可以诱惑我的地方，只有回忆过去，能给我带来乐趣，我现在谈到的那个时期的回忆是那样生动，那样真实，使我常常感到幸福，尽管我有过不少不幸。

——《忏悔录》第一部，第 280 页

我们生来本不是为了在世上享受幸福的；灵魂与肉体，如果不是二者同时在受苦，其中必有一个在受苦，这一个的良好状态差不多总会对那一个有所不利。

——《忏悔录》第一部，第 307 页

在我默默无闻的时候，凡是认识我的人一直都爱我，我没有一个仇人；但是，我一旦成名，就一个朋友也没有了。这是个很大的不幸，而尤其不幸的是我身边尽是自称为朋友的人，他们利用这个名义给予

他们的权利来把我拖到万劫不复的地步。

——《忏悔录》第一部，第 447 页

　　我听天由命，所受的苦难反而得到了补偿。那是因为，顺应天命给我带来了平静，这种平静与那费力不讨好的抗争所带来的无休止的骚动原本是连不到一块儿的。

——《一个孤独的散步者的遐想》第 3 页

　　我觉着我这一生清白无辜但命运多舛，已到了垂暮之年，心灵虽然依旧充满活泼的情感，精神依旧饰有几束花朵，但这些花已因忧伤而凋零，因烦恼而枯萎，我茕茕孑立、形影相吊，已经感到严冬酷寒开始了。

——《一个孤独的散步者的遐想》第 16 页

　　上帝是公正的，他愿意我受苦，但他知道我是纯洁无邪的，这就是我抱有信念的原因所在。

——《一个孤独的散步者的遐想》第 26 页

　　青年期是增长才智的时期，老年期则是运用才智的时期。经验总是有用的，我承认这一点，但是，只有当你前头尚有光阴，经验才能有益。死到临头了，还是学习应该怎样生活的时候么？

——《一个孤独的散步者的遐想》第 27 页

　　我们所要做的事情，在很大程度上取决于对它的信念。在一切与一个人本能的最起码的需要无关的事情当中，我们的信念就是我们的行为准则。

——《一个孤独的散步者的遐想》第 30 页

从青年时代起，我就决定，四十岁以前，要积极进取，实现我的各种抱负：我抱定主意，一上年纪，无论身体何种境况，都不再为摆脱它而苦苦挣扎，而是得过且过地度过余生，不再思考未来。

——《一个孤独的散步者的遐想》第 32 页

现在是我的外表的改造时期，也是我的精神的改造时期。我要确定我的观点和原则。等我深思熟虑后，觉得应该成为什么样的人，在有生之年就做什么样的人。

——《一个孤独的散步者的遐想》第 36 页

如果说一切都取决于如何度过这一生，那么，懂得生活，在合适的时候，采取最好的办法以免上当受骗，对我来说就是十分重要的。

——《一个孤独的散步者的遐想》第 37 页

大凡老人比孩子更依恋生命，比年轻人更不情愿离开人世。因为，他们的全部劳作原是为了生存，而到了生命的终点，他们却发现自己的全部心血都白费了。

——《一个孤独的散步者的遐想》第 29 页

恒心、温存、安分知命、廉洁、正义感都是一笔财富，是人可以随着灵魂带走的无价之宝。

——《一个孤独的散步者的遐想》第 46 页

人生无非是一种受考验的状态。这些考验是哪一类，这并不重要，只要从中得出它们应得的结果就行。

——《一个孤独的散步者的遐想》第 40 页

实际上，人们在进行了某些观察之后，就很容易看出我们一切事业都只趋向于两个目的，即为了自己的生活的安乐和在众人之中受到尊重。

——《论人类不平等的起源和基础》第 185 页

我从种种的诱惑和虚拟的希冀中脱身而出，对万事冷漠、置之不理，只求精神上安宁——这始终是我最感兴趣的事情。我从上流社会和浮华中脱离。我抛弃了装饰品：不佩剑，不揣表，不着白长袜，不戴金饰物，不戴帽，从此只有一副普普通通的假发和一套合体的粗布外衣。最重要的是，我真心摈弃了贪婪和利欲，这就使那些我所抛弃的东西无关紧要了。我放弃了当时那个我根本不合适的职位，开始我向来喜爱的抄写乐谱的工作，从中按页计取酬金。

——《孤独散步者的遐想》第 34 页

大多数的人都信仰自己热切希望的事情。我想也没有人否认我们多数人对所期望或避恐的事物的信仰是由我们是否承认来生而决定的。

——《孤独散步者的遐想》第 37 页

如果说，这一切取决了我如何度过这一生的话，那我要懂得如何去生活，在适当的时候采取最好的方法，以免上当受骗。依我的心境，当时我最担心的是为了享受尘世间对我来说如浮云般的富贵，而将我自己的灵魂置于危险的境地。

——《孤独散步者的遐想》第 38 页

二、内心世界

大自然总是向最好的方面去做的,所以它首先才这样地安排人。最初,它只赋予他维持他生存所必需的欲望和满足这种欲望的足够的能力。它把其余的能力通通都储藏在人的心灵的深处,在需要的时候才加以发挥。只有在这种原始的状态中,能力和欲望才获得平衡,人才不感到痛苦。一旦潜在的能力开始起作用的时候,在一切能力中最为活跃的想象力就觉醒过来,领先发展。正是这种想象力给我们展现了可能达到的或好或坏的境界,使我们有满足欲望的希望,从而使我们的欲望更为滋长。

——《爱弥儿——论教育》第 68—69 页

1. 爱 情

虽然我爱她已达到发狂的程度,虽然我的狂热、兴奋、激昂做出了许多令人绝倒的趣剧,但我也只是在我那小脑袋里爱她而已。

——《忏悔录》第 12 页

据我所知,有两种完全不同而又完全真实的爱情,它们虽然都很强烈,但是彼此间几乎没有共同的地方;它们跟亲密的友谊也不一样。

我整个一生被这两种风马牛不相及的爱情各占去一半,甚至我曾在同一时间亲身体验了这两种爱情。

——《忏悔录》第 12 页

对于她们两个女人,我每一个都害怕失宠;不过,我对一方是体贴备至,而对另一方则是唯命是从。把世界上所有的财宝都给我,我也不肯去惹德·菲尔松小姐生气;可是,如果戈登小姐命令我去跳火坑,我相信,我马上就会去跳的。

——《忏悔录》第 13 页

我跟德·菲尔松小姐的情爱虽然并不炽烈,但是也许更加眷恋。我们没有一次不是挥泪而别,更奇怪的是,在分手以后,我便感到难堪的寂寞。我一开口,便会谈起她,我一沉思,便会想到她。我的伤感是真实和痛切的。不过,我相信,实际上这种英雄之泪决非完全为她而洒,在我的伤感中,对于以她为中心的那种玩乐的留恋,也占很大的成分,只是我没有理会这一点罢了。

——《忏悔录》第 13 页

为什么爱情一产生,伴随着的却是与爱情无关的内心平静、镇定、宁静、可靠和信赖等情绪呢?

——《忏悔录》第 29 页

我不谈没有无欲望的爱情,因为我是有欲望的,世界上能有既无挂虑、又无嫉妒心的爱情吗?人不是都想知道一下自己所爱的对象是否爱自己么?

——《忏悔录》第 29 页

爱情是排他的，是希图对方偏爱自己的。……爱情是向对方提出了多少要求，而自己也给予对方多少东西，它本身是一种充满了公平之心的情感。

——《爱弥儿——论教育》第 629 页

我宁肯为我所爱的人的幸福而千百次地牺牲自己的幸福，我看她的名誉比我的生命还要宝贵，即使我可以享受一切快乐，也决不肯破坏她的片刻的安宁。

——《忏悔录》第一部，第 91 页

我敢说，由于我爱得太真诚，太深挚，反倒不容易得手了。从来没有过像我这样强烈却同时又这样纯洁的热情，从来没有过这样温柔、这样真实而又这样无私的爱情。我宁肯为我所爱的人的幸福而千百次地牺牲自己的幸福，我看她的名誉比我的生命还要宝贵，即使我可以享受一切快乐，也决不肯破坏她片刻的安宁；因此我在自己的行动上特别小心，特别隐秘，特别谨慎，以至一次都没有成功。我在女人跟前经常失败，就是由于我太爱她们了。

——《忏悔录》第 39 页

仅仅感受到爱情的人，还不能感受到人生中最美好的东西。我有一种另外的感觉，这种感觉或许没有爱情那么强烈，但却比爱情要甜蜜千百倍，它有时和爱情连在一起，但往往又和爱情不相关。这种感情也不是单纯的友情，它比友情更强烈，也更温柔。我并不以为它能够发生于同性的朋友之间；至少，我虽然是一个最好交朋友的人，却从没有在任何男朋友身上有过这种感觉。这现在还不十分清楚，但以后会清楚的，因为情感只有通过它的表现才能说清楚。

——《忏悔录》第 53 页

每当我热烈希望享受我生来就该享受、却又老得不到的那种幸福安适的生活，因而引起我的幻想时，我的幻想总是留恋在这肥沃地方，留恋在这湖水之滨，和这一片片景色宜人的田野之中。我一定要在这个湖畔有一处果园，而不是在别处；我要有一位忠实的朋友，一个可爱的妻子，一座小屋，一头乳牛和一只小船。将来我有了这一切的时候，我才算在世上享到了完美的幸福。

——《忏悔录》第 72 页

选择、偏好和个人的爱，完全是由人的知识、偏见和习惯产生的；要使我们懂得爱，那是需要经过很多时间和具备很多知识的。只有在经过判断之后，我们才有所爱；只有在经过比较之后，我们才有所选择。

——《爱弥儿——论教育》上卷，第 277 页

为了要受到人家的爱，就必使自己成为可爱的人；为了要得到人家的偏爱，就必须使自己比别人更为可爱；至少在他所爱的对象的眼中看来比任何人都更为可爱。

——《爱弥儿——论教育》上卷，第 278 页

当我们爱别人的时候，我们也希望别人爱我们。

——《爱弥儿——论教育》下卷，第 476 页

我们是不能用金钱买到一个朋友或情人的。只要舍得花钱，当然

是容易得到女人的，但用这个办法便不能得到一个忠实的女人。爱情不仅不能买卖，而且金钱是必然会扼杀爱情的。

——《爱弥儿——论教育》下卷，第 495 页

凡是真实的爱，都是充满着热情的，其所以那样地充满热情，是因为在想象中始终存在着一个真正的或虚幻的完美的对象。

——《爱弥儿——论教育》下卷，第 561 页

爱情的缠绵完全是从舒适宁静的生活中产生的，剧烈的运动将窒息一切温柔的情感。

——《爱弥儿——论教育》下卷，第 449 页

爱情也和其他一切情欲一样，只是在社会中才达到了时常给人带来灾难的那种狂热程度，这是一个无可争辩的事实。

——《论人类不平等的起源和基础》第 105 页

哦！读者们，请你们不要弄错。在这种以吻一次手而告终的爱情里，我所得到的快乐，比你们最低限度以吻手开始的恋爱中所得的快乐还要多。

——《忏悔录》第一部，第 169 页

我一向是从女性身上找到巨大的慰藉力量，在我时运不佳的时候，再没有比一个可爱的姑娘的关心更能减少我的痛苦的了。

——《忏悔录》第一部，第 184 页

我爱她既不是出于义务感，也不是为了自身的利益，更不是由于

方便的动机。我所以爱她，是因为我生来就是为了爱她的。

——《忏悔录》第一部，第 185 页

恨和爱一样，是容易使人轻信的。

——《忏悔录》第一部，第 237 页

一个教育家的全部箴言也赶不上你所爱恋的一个聪明女人的情意缠绵的话语。

——《忏悔录》第一部，第 247 页

女人最使我们留恋的，并不一定在于感官的享受，主要还在于生活在她们身边的某种情趣，这话一点不错！

——《忏悔录》第二部，第 400 页

我们在所爱的人的身边，感情就能充实智慧，正如它能充实心灵一样，并不怎么需要在这以外去冥思苦想。

——《忏悔录》第二部，第 411 页

我的第一个需要，最大、最强、最不能扑灭的需要，完全是在我的心里；这个需要就是一种亲密的结合，极亲密之可能的结合；特别是由于这一点，所以我才需要一个女人而不是需要一个男人，需要一个女友而不是需要一个男友。这种离奇的需要是这样的：肉体上最紧密的结合还不够，我恨不得把两个灵魂放在同一个身子里。

——《忏悔录》第二部，第 512 页

因为我太爱她了，我才不想占有她。

——《忏悔录》第二部，第 550 页

若为我个人利益，我会毫不犯难地做到公正，但若违背我所珍爱的人的利益，我可能就无法下此决心了。

——《一个孤独的散步者的遐想》第 90—100 页

我要是使她的心得到满足，就像她使我的心得到了满足一样，那该多好啊！那我们会共同度过多少恬静而甜蜜的时光啊！

——《一个孤独的散步者的遐想》第 161 页

我抱定主意，如有可能，我要利用我的余暇时光，使自己有朝一日能够向这位最杰出的女性归还我曾受之于她的所有援助。

——《一个孤独的散步者的遐想》第 163 页

我们周围的一切都在日新月异，我们自己也在变化更新，谁也不能保证自己明天仍将爱他今天所钟爱的一切。

——《一个孤独的散步者的遐想》第 139 页

让我们首先把"爱"这种情感的精神方面与生理方面加以区分。生理方面的爱是人人所具有的和异性结合的欲望。精神方面的爱，则是把这种欲望确定起来，把它完全固定在唯一对象上，或者至少是以比较强烈的欲望来特别喜爱某一对象。因此，很容易看出，精神方面的爱，不过是由社会习惯产生出来的一种人为的情感。这种情感被妇女们处心积虑地培养起来，从而建立起她们在男性面前的权威，从而统治她们本应当服从的男性。

——《论人类不平等的起源和基础》第 104 页

2. 幸福与快乐

所有的人都希望得到幸福，但为了要取得幸福，就必须首先知道什么是幸福。

——《爱弥儿——论教育》上卷，第 221 页

父亲和母亲有着种种美德，我只遗传到了他们的多情。对他们来说多情是幸福的源泉，对我而言却是一生不幸的根本原因。

——《忏悔录》第一部，第 4 页

凡此种种，都在我心中培养天赋的素质。看到人人都喜欢我，也喜欢一切，我就感到极度的愉快。

——《忏悔录》第 8 页

任何快乐都比不上一个心爱的正派女人所能给予的快乐。在她跟前，一切都是恩宠。

——《忏悔录》第 39 页

有一个年纪相仿、趣味相同的好脾气的朋友做旅伴，而且没有牵挂，没有任务，无拘无束，或留或去全听自便，这将是多么美妙啊！一个人，要是为了实现那些缓慢、困难、不可靠的野心勃勃的计划而牺牲这样的幸福，未免太愚蠢了。即使这样的计划终于实现，不论何

等辉煌，也比不上一刻青春时代真正自由的快乐。

——《忏悔录》第 50 页

我毫不惋惜地抛弃了我的保护人、我的教师、我的学业、我的前途；我也不再等候那几乎是已经很有把握的幸福的到来，便开始了一个真正流浪者的生活。

——《忏悔录》第 51 页

虽然这种使我们真正体味到自己生命之乐的内心感觉是自然的赋予，并且也许还是人体机能本身的一种产物，但是还需要有具体环境把它发展起来。如果没有这种引发的条件，即使一个人生来就富于感情，他也会一无所感，不曾体味到自己的生命就茫然死去了。

——《忏悔录》第 53 页

在我经历过的各种环境中，有一些使我感到非常幸福的情景，至今回想起来还为之心旷神怡，好像仍然生活于其中似的。我不仅记得时间、地点和人物，而且还记得周围的一些事物，气候的温度，空气的气味，天空的色彩，以及只有在那个地方才能得到的某种印象，这种生动的回忆仿佛又重新把我送到了那里。……这种对幸福的天真时代的回忆，常使我陶醉，也使我忧伤。

——《忏悔录》第 57 页

真正的幸福是不能描写的，它只能体会，体会得越深就越难加以描写，因为真正的幸福不是一些事实的汇集，而是一种状态的持续。

——《忏悔录》第一部，第 293 页

我是多么喜欢不时地又突然回到青年时代那种快乐的时刻啊！这些时刻是多么甜蜜！又是多么短促、多么难得，而我却是多么容易地享受到了啊！哦！我只要一想起那些时刻，心里就感到一种纯粹的快乐，我正是需要有这种快乐来恢复我的勇气，以便忍受得住晚年的烦恼。

——《忏悔录》第 63 页

有一天，黎明的景色十分美丽，我赶紧穿上衣服跑到野外去看日出。我尽情地享受了这种快乐，那是圣约翰节以前的那个星期。大地披上了华丽的衣装，花草遍地，色彩斑斓；夜莺啼春已近尾声，唱得仿佛格外卖劲；百鸟用大合唱送别残春和迎接美丽夏日的降临。这是我这样的年纪不可再见的一个美丽的日子，是我现在居住的这块凄凉的土地上的人们从来没有见过的一天。

——《忏悔录》第 64 页

一个人付出一点点代价就能享受那样纯洁、那样真实的快乐，何必还去寻找别的欢乐呢？

——《忏悔录》第 64 页

远大的志向，在我看来总是那么渺茫，致使我难以行动起来。由于我对未来没有信心，总认为需要长期执行的计划是骗人的诱饵。我和任何人一样，也会抱有某种希望，但这必须是无需费劲就能实现的希望。如果这需要长期的艰苦努力，我就办不到了。所以，唾手可得的一点小小快乐对我比天堂的永久幸福的诱惑力还要大。不过，我对于事后一定会感到痛苦的快乐是不追求的，这种快乐引诱不了我，因为我只喜爱那些纯粹的快乐，如果谁知道后来要追悔的话，那就不能算作是纯粹的快乐。

——《忏悔录》第 68 页

我有时也写些平庸无奇的诗句，这对于运用优美的措辞和把散文写得更漂亮些倒是一种很好的练习。但是法国诗歌对我从未有多大的吸引力，足以使我献身于它。

——《忏悔录》第 73 页

我知道，在真正幸福的施与者跟前，获得我们所需要的幸福的最好方法，在于自己的争取而不只在于祈求。

——《忏悔录》第一部，第 294 页

正是由于我们力图增加我们的幸福，才使我们的幸福变成了痛苦。

——《爱弥儿——论教育》上卷，第 70 页

我们不可能知道绝对的幸福或绝对的痛苦是什么样子的，它在人生中全都混杂在一起了；我们在其中领略不到纯粹的感觉，不能在同一种情况下感受两种不同时刻。正如我们的身体在变化一样，我们心灵的情感也在继续不断地变化。人人都有幸福和痛苦，只不过是程度不同而已。

——《爱弥儿——论教育》上卷，第 68 页

我很少见过幸福的人，也许一个也没见过，但我却常常见到一些心满意足的人。

——《一个孤独的散步者的遐想》第 139 页

我认为，没有任何需要的人是不可能对什么东西表示喜爱的；我想象不出对什么都不喜爱的人怎么能过幸福愉快的生活。

——《爱弥儿——论教育》上卷，第289页

我们不仅希望我们自己幸福，而且也希望他人幸福；当别人的幸福无损于我们的幸福的时候，它便会增加我们的幸福。

——《爱弥儿——论教育》下卷，第396页

聪明有识的人是不喜欢闹闹嚷嚷、玩玩乐乐的事情的，只有那些没有思想的人才喜欢这种无聊的事情，才认为糊糊涂涂地过日子是幸福的。

——《爱弥儿——论教育》下卷，第582页

当我们不知道我们应当做什么事情的时候，最聪明的办法就是什么事情也不做。……当一个人怀着满腔热情，急于得到幸福的时候，他是宁可在寻求的过程中走错道路，也不愿意为了寻求幸福而呆在那里一点事情也不做；然而，只要我们一离开我们有可能发现它的地方，我们就再也不能够回到那个地方去了。

——《爱弥儿——论教育》下卷，第650页

如果我们满足于我们现在这个样子，我们对我们的命运就没有什么可抱怨的；我们为了寻求一种空想的幸福，结果却使我们遭遇了千百种真正的灾难。

——《爱弥儿——论教育》下卷，第386页

我们首先要为人善良，然后才能得福。

——《爱弥儿——论教育》下卷，第388页

在人生中有这样一个年龄，到了这个年龄，心虽然是自由的，但已经是迫切不安地渴望得到他尚不了解的幸福了，它带着一种好奇的想法去寻求这种幸福；由于它受到感官的迷惑，最后竟使他把他的目光倾注于它的幻象，以为是把它找到了，其实那里并没有他所寻求的幸福。

——《爱弥儿——论教育》下卷，第404页

经验告诉他，追求幸福乃是人类活动的唯一动力，因而他能够区分两种情况：一、由于共同利益，他可以指望同类的帮助，这是一种稀有的情况；二、由于彼此间的竞争，他不能信任他的同类，这是更稀有的情况在第一种情况下，他和他的同类结合成群……在第二种情况下，每个人为了力求获取自己的利益，如果相信自己有足够的力量，便公开使用强力，如果觉得自己比较弱，便使用智巧。

——《论人类不平等的起源和基础》第114页

对幸福的评价，与其说是理性上的事情，倒不如说是情感上的事情。

——《论人类不平等的起源和基础》第185页

经验教导人们追求自己的幸福是人类行动的唯一动力，因此人能够区分两种情形：一种是罕有发生的公共利益，他可以指望从同类那里获得帮助；另一种是更罕有发生的竞争关系，这使得他不相信同类。在第一种情形中，他们聚集成群，或者至多聚集成一种不约束任何人

的自由联合体；在第二种情形中，每一个人都力图获取自己的利益，如果他认为自己足够强大，就会单纯依靠武力获得；如果他认为自己在力量上处于弱势，他就会通过狡猾和精明获得。

——《论人类不平等的起源》第 48 页

人类能力发展的这一阶段却是介于原始状态的悠闲自在和我们的自尊心随意发作之间的黄金时期，也一定是最为幸福和最持久的时期。

——《论人类不平等的起源》第 55 页

人们总是愿意自己幸福，但人们并不总是能看清楚幸福。

——《社会契约论》第 39 页

真正的幸福之源就在我们自身。对于一个善于理解幸福的人，旁人无论如何也不能使他真正潦倒。

——《一个孤独的散步者的遐想》第 14 页

假设有这么一种状态，在那里，心灵能够找到一个坚实的位置，整个儿地静息在那里，并在那里聚集它整个的存在，既不必追怀过去，亦不必思考未来；在那里，时间对于它是虚无的，"现时"一直延伸着，但又不显出它的连续性，不显出它那相继接续的印迹；在那里，除了唯一感觉到我们的存在以外，再无贫乏或享受，快乐或痛苦的感觉，更无希冀或恐惧的感觉。我们自身的存在这唯一的感觉就能够把我们的心灵完全充实。只要这种状态持续一天，凡是处于这种状态中的人就都可以称自己是幸福的人。

——《一个孤独的散步者的遐想》第 81 页

一个幻想家，他若能从令人生厌的事物中提炼出令人快慰的幻想，借助于所有感动他五官的一切，若能陶醉其中，其乐融融，那么，这个机会对他无疑就是绝妙的了。

——《一个孤独的散步者的遐想》第 84 页

我知道，也感觉得出，行善是人类之心所能领略到的最真实的幸福。

——《一个孤独的散步者的遐想》第 87 页

尽管命运对我是那么不公，这种状态却使我也感到一种幸福，我就是为这种幸福而生的。

——《一个孤独的散步者的遐想》第 138 页

幸福并不具有外表的标志；要想认识它，就得看透一个幸福的人的内心世界，而满足感则是洋溢在眼睛、举止、声调和姿态中的，似乎可以传递给每一个目睹者哩。

——《一个孤独的散步者的遐想》第 139—140 页

幸福是一种持久的状态，仿佛不是为世人而设的。

——《一个孤独的散步者的遐想》第 139 页

一个人应该知道，为了个人幸福而必须认识的东西也许并不太多；然而无论多少，毕竟都是属于自己的一笔财富。

——《一个孤独的散步者的遐想》第 51 页

无论到了何处，我都始终留恋这令人愉悦的闲暇生活，对触手可及的荣华富贵毫无兴趣，甚至厌恶。我无法把握惴惴不安的追求，也不敢心存希冀，因而所获得的几乎太少了。在功成名就的时候我就感到，就算我已经获得了我一直在寻找的一切，也根本无法找到我心灵所渴望的，但又不知道如何分辨的幸福。

——《一个孤独的散步者的遐想》第 33 页

假如我对自己的研究有所进步，学会了超脱红尘俗套，那我就太幸福了。虽然我不可能变得更好，但至少比我刚入世时更具备德行了。

——《孤独散步者的遐想》第 44 页

一个人为了个体的幸福而必须学习的东西并不多，但无论如何这是属于自己的一笔财富，无论在哪里，都有权利要求获取它。假如有人剥夺了他的权利，那他则犯下了最不道德的抢劫罪。这种财富是人人共有的，每个人都可以把它给别人，而自己却不会有匮乏的忧虑。

——《孤独散步者的遐想》第 50 页

眼前的湖水忽涨忽落，连连的水声，不断地在耳边喧哗，它们取代了我澎湃的心潮，使我不必费神思索就能欣喜地体会到自己的存在。水面的图景，正是我时常思考的世间万象的变化无常。但是这些印象稍纵就消失在单调的持续运动中。而且这些持续运动安抚着我，我不停地被吸引。

——《孤独散步者的遐想》第 75 页

真正的幸福来源于自己的存在。

——《孤独散步者的遐想》第 76 页

构成我心中所怀念的幸福的,决不会是这些稍纵即逝的片刻,而是平凡、持久的状态构成的时刻。这种状态并没有极度强烈的东西,可以随着时间的流逝,它的魅力会随之增长,最终达到绝无仅有的快乐、幸福。

——《一个孤独的散步者的遐想》第 76 页

自身的存在这个唯一的感觉能使我的心灵完全充实。凡是处于这种境界的持续状态中的人,都可称自己为幸福的人。这种幸福不是残缺的、贫乏的幸福,如同我们在人生乐趣中感受到的那样。它是源于一种丰润的、充实的幸福,这种幸福不会给心灵留下任何的空虚。

——《孤独散步者的遐想》第 77 页

如果一个不幸的人在世间不可能再做点对他人,对自己有用或有益的事情,那他一定是与人类断绝了任何的交往。也正是在这种状态中。命运和任何人都无法从他身上夺走他所找到的作为补偿失去的人间幸福的至乐极福。

——《孤独散步者的遐想》第 78 页

我把那些痛苦的往事都忘掉了,而只记得那些快乐的事情。我对人生幸福的感受最多的时期,是我把自己的情感融汇到我的内心,并没有把它发散到人们一味追求的自以为幸福的事情上。这些事情本不应得到人们的追求,但那些被认为幸福的人却醉心于此事。

——《孤独散步者的遐想》第 119 页

在这可悲的环境里,在漫长的忧虑后,我并没有陷入命中注定的绝望里,反而却拥有了祥和、安宁,甚至是幸福。因为我每天都在快乐地回忆往事，我所盼望的明天也是这样的日子。

——《一个孤独的散步者的遐想》第 122 页

把幸福视为某种永恒的状态，看上去好像是上天所布置的。人间的所有事物无时无刻不在运作着，而且每一个事物都没有固定不变的形式。我们身边的所有东西都在变化着，就连我们自己也在不停地变化，没有人会断言明天的他还会爱他现在所爱的事物。所以，今生今世里我们希望拥有的完美幸福无非只是一种妄想。那么，在我们感到满足的时候就去用心享受吧！要尽力防止我们一时犯错而让这份好心情消失得无影无踪，我们也不要妄想可以把它永远留住。

——《孤独散步者的遐想》第 135 页

幸福并没有标识符号，要想理解它就得把那些幸福的人的内心看得透彻；但我们却可以在一个人的眼神、行为、话语和举动中发现满足的情结。

——《孤独散步者的遐想》第 135 页

世上的任何事都有得必有失。尽管这样的乐趣非常短暂而且罕见，所以每当它们出现时，我都要尽情享受它带给我的欢畅，比那些常见的机会更为投入。我时常回忆这些乐趣，反复品味它们。不论这种乐趣是怎样的罕见，只要它纯洁赤诚，我都会感到莫大的幸福。

——《孤独散步者的遐想》第 141 页

3. 天性与自由

  我有生以来第一次对不公正和暴力的感受，它深深地铭刻在我的心上，以致一切和这种感受有关的观念都会使我的心情又像最初那样激愤起来；这种感受，一开始是由我自己身上而起的，以后它变得非常坚强并且完全摆脱了个人的利害关系，无论不公正行为的受害者是谁，也无论它是什么地方发生的，只要我看见或听到，便立刻怒发冲冠，有如身受。每当我在书中读到凶恶暴君的残忍，或是邪恶僧侣的阴谋诡计的时候，真有心不惜万死去把这些无耻之徒宰掉。有时我看到一只公鸡、一头母牛、一只狗或是其他畜生侵害别的畜生，我往往会跑得满身大汗去追它，或用石块去砍它，唯一的理由就是因为它恃强凌弱。这种感情可能是我的天性，我也相信一定是生来就有的；但是，我第一次所遭受的不公正的沉痛回忆和我的天性密切融合得太久，因而这种天性更加增强了。

——《忏悔录》第 9 页

  我所享受的正当的自由仅只是一点一点地缩小范围，而现在呢，它完全化为乌有了。跟父亲在一起的时候，我肆无忌惮；在朗拜尔西埃先生家里的时候，我无拘无束；在舅父家里，我谨言慎行；到了我师傅那里，我就变得胆小如鼠了。

——《忏悔录》第 16 页

  永别了，我的安逸生活；永别了，我的愉快活泼；就是从前我犯错误时候往往使我躲过责罚的那些聪明话，而今也休想再说了。

——《忏悔录》第 16 页

儿童第一步走向邪恶，大抵是由于他那善良的本性被人引入歧途的缘故。

——《忏悔录》第 16 页

我深深相信，我对于盗窃金银财宝以及对于由此而产生的后果的畏惧，大半是由于教育的结果。另外一小半，是由于内心里交织着丢脸、坐牢、受罚、上绞刑架的观念，只要一起盗心，这些思绪便会使我不寒而栗；所以，我总觉得，我的那些恶作剧只不过是淘气罢了，实际上也正是如此。我认为，结果顶多挨我师傅一顿狠揍，这是我早就有所准备的。

——《忏悔录》第 18 页

人是生而自由的，但却无所不在枷锁之中。自以为是其他一切的主人的人，反而比其他一切更是奴隶。

——《社会契约论》第 8 页

天下最简单的职业，最不必费心劳神的职业，最能够保持精神自由的职业，正是最适合于我的职业；而我的职业恰恰是这样一种职业。

——《忏悔录》第 21 页

我自以为已经获得了的独立是使我精神振奋的唯一一种心情。可以自由地支配我自己，做自己的主人了，于是我便以为什么都能做，什么都做得成，只要我一纵身就能腾空而起，在空中翱翔了。我可以安全稳妥地进入广阔的天地，那里，将充满我的丰功伟绩，每走一步我都会遇到豪华的宴会和财宝，碰到奇遇，遇到准备为我效劳的朋友和急于博得我的欢心的情人。我一出现，就可以囊括宇宙。但是，我并不想囊括整个宇宙，我要放弃一部分，因为我不需要那么多。我只要结交一些可爱的朋友就够了，其他的事我就不操心了。我不贪婪，我只要一个小小的范围，但这个小小范围是经过精心选择的，在那里我能够支配一切。

——《忏悔录》第 24 页

没有变化的、单调的修女生活，小客室中无聊的谈话，不能使一个脑筋总在活动的人心满意足，因为她每天都在拟定新的计划，她需要自由，以便完成那些计划。

——《忏悔录》第 29 页

我觉得自己一年一年的大了，我那不安的气质终于显示了出来，这最初的爆发完全是无意识的，使我对于自己的健康感到惊慌，这比其他什么事情都更好地表明，我在此以前是多么纯洁。

——《忏悔录》第 54 页

我学会了欺骗本性的危险办法，这种办法拯救了像我这种性情的青年人，使他们免于淫乐放荡的生活，但却消耗着他们的健康、精力，有时甚至他们的生命。这种恶习，不仅对于怕羞的人和胆小的人是非常方便的，而且对于那些想象力相当强的人还有一种很大的吸引力；换句话说，就是他们可以随心所欲地去占有一切女性，可以使自己心里着迷的漂亮女人来助成自己的乐趣，而无须得到她们的同意。在我受到这种有害的便利的引诱之后，我就一直在摧毁自然赋予我的、多少年来才保养好的健康身体。

——《忏悔录》第 54 页

有两种几乎绝对不能相容的东西，在我身上居然结合在一起，我很难想象这是怎么一回事：一方面是非常炽热的气质，热烈而好冲动的激情；另一方面却是迟钝而又混乱的思想，差不多总是事后才明白过来。简直可以说，我的心和我的头脑不是属于同一个人的。感情比闪电还快，立刻充满了我的心；但是它不仅不能照亮我的心，反而使我激动，使我发昏。我什么都感觉到，却什么也看不清。我非常兴奋，却动作迟钝；我必须冷静下来才能进行思考。令人奇怪的是，只要给我时间，我也是足智多谋，既能深入分析，甚至还很细致；在从容不迫的时候，我也能作出绝妙的即兴诗，可是仓促之间，我却从来没有做过一件恰如其分的事，也没有说过一句恰如其分的话。

——《忏悔录》第 55 页

　　只有自己实现自己意志的人，才不需要借用他人之手来实现自己的意志；由此可见，在所有一切的财富中最为可贵的不是权威而是自由。

——《爱弥儿——论教育》上卷，第 74 页

　　一切自由的行为，都是由两种原因的结合而产生的：一种是精神的原因，亦即决定这种行动的意志；另一种是物理的原因，亦即执行这种行动的力量。当我朝着一个目标前进时，首先必须是我想要走到那里去；其次是我的脚步能带动我到那里去。

——《社会契约论》第 75 页

　　我愿意自由地生活，自由地死去。

——《论人类不平等的起源和基础》第 51 页

当然，我虽然是自由的，但不能自由到竟不希求我自己的幸福，不能自由到竟愿意自己受到损害；不过，即使我这样做，我的自由也在于我只能希求适合于我的东西，或者在没有他人的影响下我估计是适合于我的东西。

——《爱弥儿——论教育》下卷，第384页

既然人是主动的和自由的，他就能按他自己的意愿行事；他一切的自由行为都不能算作是上帝有系统地安排的，不能由上帝替他担负责任。

——《爱弥儿——论教育》下卷，第384页

那时，我的脑子里好像响起了一种外来乐器的调子，完全超出了原来的音调。它是自动地恢复正常的，于是我便停止了自己的荒唐行为，或者至少是只干了一些比较适合我的本性的荒唐行为。我青年时代的这段时期，是我的回忆中最模糊的时期。在这段时期里，几乎没有发生一件打动我心弦的事，足以使我能够清晰地回忆起来。

——《忏悔录》第61页

上帝决不希望人滥用他赋予人的自由去做坏事，但是他并不阻止人去做坏事，其原因或者是由于这样柔弱的人所做的坏事在他看来算不得什么，或者是由于他要阻止的话，就不能不妨碍人的自由，就不能不因为损害人的天性而做出更大的坏事。上帝使人自由，以便使人通过选择而为善弃恶。

——《爱弥儿——论教育》下卷，第384—385页

人民之所以要有首领，乃是为了保卫自己的自由，而不是为了使自己受奴役，这是无可争辩的事实，同时也是全部政治法的基本准则。

——《论人类不平等的起源和基础》第 132 页

自由即是人的一切能力中最崇高的能力，如果为了取悦于一个残暴的或疯狂的主人，竟毫无保留地抛弃他所有天赋中最宝贵的天赋，竟屈从主人的意旨而犯造物主禁止我们去犯的一切罪恶，这是不是使人类的天性堕落，把自己置于完全受本能支配的那些禽兽水平上？甚至是不是对自己的存在的创造者的一种侮辱？这个崇高的造物主看到他的最美的创造物遭到毁灭应当比看到他的最美的创造物受到侮辱更为愤怒。

——《论人类不平等的起源和基础》第 135—136 页

一个人抛弃了自由，便贬低了自己的存在；抛弃了生命，便完全消灭了自己的存在。因为任何物质财富都不能抵偿这两种东西，所以无论以任何代价抛弃生命和自由，都是既违反自然同时也违反理性的。

——《论人类不平等的起源和基础》第 137 页

很难强使一个决不好命令他人的人去服从别人；最有智慧的政治家也不能使那些以自由为唯一愿望的人们屈服。

——《论人类不平等的起源和基础》第 142 页

即使是最聪明的人也认为，人们一定要下定决心为了保存一部分的自由而牺牲另一部分的自由，这就如同一个负伤的人为了保存他身体的其他部分而把他的手臂割掉一样。

——《论人类不平等的起源》第 65 页

我们一定不能够将被奴役的人们的堕落状态作为判断人类的自然天性是倾向于受奴役还是反抗奴役的基础，而是应当根据一切致力于抵抗压迫的自由民族取得的巨大成就来判断。

——《论人类不平等的起源》第 71 页

对我来说，非常重要的是我的自由不被滥用，我不能放任自己成为犯罪的工具，并且对于被迫犯下的罪行没有丝毫的负罪感。

——《论人类不平等的起源》第 74 页

当人民被迫服从而服从时，他们做得对；但是，一旦人民可以打破自己身上的桎梏而打破它时，他们就做得更对。因为人民正是根据别人剥夺他们的自由时所根据的那种同样的权利，来恢复自己的自由的，所以人民就有理由重新获得自由；否则别人当初夺去他们的自由就是毫无理由的了。

——《社会契约论》第 8 页

放弃自己的自由，就是放弃自己做人的资格，就是放弃人类的权利，甚至就是放弃自己的义务。

——《社会契约论》第 16 页

自由并不是任何气候之下的产物，所以也不是任何民族都力所能及的。……人们越是反驳它，就越有机会得到新的证据来肯定它。

——《社会契约论》第 103－104 页

力量和自由是专门造就杰出人才的，懦弱和受奴役所怀的胎儿则从来都是无赖。

——《一个孤独的散步者的遐想》第 98 页

只要我自由行动，我总是善良的，我会尽做好事；可是，我一感到强我所愿，不管是来自必要性还是人为的，我马上就会起来反抗。

——《一个孤独的散步者的遐想》第 100 页

我认为，人的自由并不仅仅在于做他愿意做的事，而且在于永远不做他不愿意做的事。这样的自由才是我一贯追求和经常保留的。

——《一个孤独的散步者的遐想》第 100 页

人性的弱点应该可以被能力超众的人所摆脱。

——《孤独散步者的遐想》第 94 页

这个文明的社会并不适合我生活。如果我是行动自由的，那我就是善良的，会处处行善；但如果我受到了约束，不管是必然的还是人为的，我就会反抗。当我所做的事情是违心的，无论如何我是不会去做的；甚至由于我的软弱，我也不会按照自己的意愿去做。很少是因为我做了什么事情才产生了罪过，大多数的罪过都是因为我没做自己应该做的事引起的。

——《孤独散步者的遐想》第 94 页

自由不是做自己想做的事，而是永远不做自己不愿意做的事。这种自由就是我一向要求而常常保有的那种自由。

——《孤独散步者的遐想》第 94 页

理性固然允许我，甚至要求我去做、去遵守那些吸引我且没有任何东西可阻止我的爱好。

——《孤独散步者的遐想》第 100 页

我把我的胜利归功于理性是错误的，因为这里几乎没有理性的功劳，相反，都是我的反复无常的天性的功劳。我那易于激动的本性让我疯狂，但我慵懒的本性又让我平息。

——《孤独散步者的遐想》第 130 页

我生来喜好自由，但却从不滥用自由。

——《忏悔录》第一部，第 148—149 页

卑鄙的灵魂是决不会信任伟大的人物的；下贱的奴隶们则带着讥讽的神情在嘲笑着自由这个名词。

——《社会契约论》第 118—119 页

4. 良　心

在刚干完一件丑事的时候，我们心里并不觉得怎么难受，但在很久以后，当我们想起它时，它还要折磨你，因为丑事是永远不会从记忆中消失的。

——《忏悔录》第 62 页

良心是灵魂的声音，欲念是肉体的声音。

——《爱弥儿——论教育》下卷，第 393 页

在我们的灵魂深处生来就有一种正义和道德的原则；尽管我们有自己的准则，但我们在判断我们和他人的行为是好或是坏的时候，都要以这个原则为依据，所以我把这个原则称为良心。

——《爱弥儿——论教育》下卷，第 397 页

良心从来没有欺骗过我们，它是人类真正的向导；它对于灵魂来说，就像本能对于肉体一样；按良心去做，就等于是服从自然，就用不着害怕迷失方向。

——《爱弥儿——论教育》下卷，第 394 页

良心呀！良心！你是圣洁的本能，永不消逝的天国的声音。是你在妥妥当当地引导一个虽然是蒙昧无知然而是聪明和自由的人，是你在不差不错地判断善恶，使人形同上帝！是你使人的天性善良和行为合乎道德。没有你，我就感觉不到我身上有优于禽兽的地方；没有你，我就只能按我没有条理的见解和没有准绳的理智可悲地做了一桩错事又做一桩错事。

——《爱弥儿——论教育》下卷，第 400 页

良心是腼腆的，它喜欢幽静；世人一吵闹就会使它害怕。有人认为它产生于偏见，其实偏见是它最凶恶的敌人；……。它因为受到人们的误解而感到沮丧；它不再呼唤我们；也不再回答我们，由于我们长期地对它表示轻蔑，因此，我们当初花了多少气力把它赶走，现在也要花多少气力才把它召得回来。

——《爱弥儿——论教育》下卷，第 400—401 页

良心的作用并不是判断，而是感觉。尽管我们所有的观念都来自外界，但衡量这些观念的情感却存在于我们的本身，只有通过它们，我们才能知道我们和我们应当追求或躲避的事物之间存在着哪些利弊。

——《爱弥儿——论教育》下卷，第399页

良心之所以能激励人，正是因为存在着这样一种根据对自己和对同类的双重关系而形成的一系列的道德。

——《爱弥儿——论教育》下卷，第399页

人们告诉我们说，良心是偏见的产物，然而我从经验中知道，良心始终是不顾一切人为的法则而顺从自然的秩序的。……只要我们所做的事是井然有序的自然所允许的，尤其是它所安排的，则我们就不会受到隐隐的良心的斥责。

——《爱弥儿——论教育》下卷，第361—362页

在日常生活中，我更多的是遵循我良心上的道德标准，而不是真与假的抽象概念。

——《一个孤独的散步者的遐想》第68页

5. 心灵与灵魂

为了了解我这时糊涂到什么程度，必须知道我的心一向是怎样为了最细微事物而狂热起来，以及怎样拼命想象吸引着我的事物，尽管那些事物有时是十分虚妄的。最离奇、最幼稚、最愚蠢的计划都会引诱我那最得意的空想，使我认为这种计划好像真有实现的可能似的。

——《忏悔录》第50页

路过日内瓦的时候，我谁也没有去看望，但是当我在桥上的时候，心里觉得异常难受。每当我见到这个幸福城市的城墙，或进入市区的时候，没有一次不由于内心过分激动而几乎不能自持。在自由的崇高象征使我的灵魂上升到美妙境界的同时，平等、团结、优良风尚的象征也使我感动得潸然泪下，一种强烈的后悔心情不禁油然而生，后悔自己不该失去这种种幸福。我曾陷入多大的错误啊，可是，我这种错误又是多么自然的啊！我曾经料想在自己的祖国可以看到这一切，因为我心里老怀念着这一切。

——《忏悔录》第 68 页

在我看来，为了满足自己的虚荣心而给人帮忙，就是比这再大，也不如这个老实人毫不浮夸、朴实而又厚道的行为更值得感激。

——《忏悔录》第 68 页

当我爱上别的女人的时候，坦白地说，我的心也会分散一些，想她的时间也少了，但是，我始终是以同样愉快心情去想她的，而且，不管我是否正在爱着别的女人，每当我想到她的时候，总是觉得，只要和她不在一起，我就没有真正的幸福。

——《忏悔录》第 71 页

如果灵魂是无形的，那么，在身体死亡之后它也能继续存在的；如果它比身体存在得久远，那就证明上帝是无可怀疑的。

——《爱弥儿——论教育》下卷，第 388 页

在我的肉体活着的时候，由于我只是通过我的感官去认识事物，

因此，所有一切不触及感官的东西都逃脱了我的注意。当肉体和灵魂的结合一瓦解之后，我想，肉体就消灭了，而灵魂则能保存。

——《爱弥儿——论教育》下卷，第388页

我往往能够理解肉体是怎样由于各部分的分离而消灭的，但是我无法想象一个进行思想的存在也这样地毁灭；由于我想象不出它怎么能够死亡，所以我就假定它是不死的。

——《爱弥儿——论教育》下卷，第389页

我从我所作的罪恶中清楚地体会到这个道理，一个人在一生中只不过是活了他生命的一半，要等到肉体死亡的时候，他才开始过灵魂的生活。

——《爱弥儿——论教育》下卷，第388页

任何一个人，不管他的灵魂多么卑鄙，他那颗心多么粗野，到时候也不会不发生某种爱慕之情的。

——《忏悔录》第一部，第78页

喜欢炫耀与爱好正直，这两者是很难结合在同一个灵魂之内的。

——《论科学与艺术》第20页

灵魂总是不知不觉地与占据着灵魂的对象成比例的；而造就出伟大的人物的，便是伟大的时势。

——《论科学与艺术》第29页

人们一旦学会彼此评论，一旦在头脑中形成关于尊重的观念，每

一个就都认为自己有被尊重的权利;一个人不被他人尊重而不被认为是侮辱,已经是不可能的事情了。

——《论人类不平等的起源》第 53 页

我曾拟订计划,要对我的灵魂在一个人所能处的最离奇的境地中的每日状态进行描述。当时,我认为,要做这样一件事,最简单可靠的办法就是忠实地记录我那些孤独的散步和充满于散步中的遐想。——那时,我的心无拘无束,思潮可以尽情涌流。唯独在这些孤独和沉思默想的时刻,我才是真正的我,才是和我的天性相符的我,我才既无忧烦又无羁绊。

——《孤独散步者的遐想》第 15 页

我时常领略到慈爱而温存的灵魂在静观时所能得到的欣悦。这些陶醉和狂喜是我在只身单影散步时偶尔感受到的,这都是我的迫害者们赐予我的欢乐。

——《孤独散步者的遐想》第 15 页

我的年龄和境遇实在太相似了。我不由自主地把它和我自己的身世联系起来。我觉着我这一生清白无辜但命运多舛,已到了垂暮之年,心灵虽然依旧充满活泼的情感,精神依旧饰有几束花朵,但这些花已因忧伤而凋零,因烦恼而枯萎。我茕茕孑立、形影相吊,已经感到严冬酷寒开始了。

——《孤独散步者的遐想》第 17 页

夜已深,我依稀看见天穹、几颗星星和点点翠绿。这最初的感觉真令人愉快。我凭借这些来意识到自己的存在。我渐渐苏醒过来,仿佛觉得我那轻飘飘的生命充满于我所见的全部事物。

——《孤独散步者的遐想》第 19 页

诚然，我的乐天知命没有那么无私，但源于一个同样纯洁的源泉，而且，依我看，更加无愧于我所热爱的上帝。上帝是公正的，他愿意我受苦，但他知道我是纯洁无邪的，这就是我抱有信念的原因所在。我的心灵和理性都在呼唤，这种信念决不会欺骗我。

——《孤独散步者的遐想》第 25 页

我把我的心智放在我给予它的最牢固的基础上，它安歇在我的良心庇护之下，任何古今的怪异学说都不能让它冲动，也不能使我的安宁生活产生任何扰乱。

——《一个孤独的散步者的遐想》第 43 页

当那些愉快的、轻微的思考拂过心灵的表面而没有惊扰内心深处时，心中的宁静同样也是十分惬意的。充足的思考使我们记起自己而忘了痛苦。

——《孤独散步者的遐想》第 78 页

当一个人将要脱离他的躯壳时，他却被自己的躯壳裹得更紧。

——《孤独散步者的遐想》第 80 页

当你的内心受到比身体更好的待遇时，物质上的不足挂齿的缺乏又算得了什么呢？

——《孤独散步者的遐想》第 150 页

6. 欲 念

在我的肉感被激起的同时，我的欲望也发生了变化，它使我只局限于以往的感受，而不想再找其他事物。虽然我的血液里几乎生来就燃烧着肉欲的烈火，但直到最冷静、最成熟的素质都发达起来的年龄，我始终是守身如玉地保持住纯洁。

——《忏悔录》第 8 页

由教育而来的这种先入为主的观念本身就能够推迟那种易于燃起欲火的天生气质最初的迸发，像我前面所说过的，我的肉欲初次露出的苗头在我身上所引起的规避作用对此也有所帮助。尽管我被沸腾起来的血液所冲动，可是由于我的想象只限于我过去的感受，所以我只知道把我的欲望寄托在我所已知的这种快感上，从来也未想到人们曾说得使我憎恶的那种快乐上面；这种快乐和我那种快感非常相近，我却丝毫没有理会到。在我愚妄的遐想中，在我色情的狂热中，在这种遐想与狂热有时使我做出的一些荒唐举动中，我曾运用想象力求助于异性，可是除了我所渴望获得的那种功用而外，我从来没想到异性还有什么其他的用途。

——《忏悔录》第 8 页

我们的欲念是我们保持生存的主要工具，因此，要想消灭它们的话，实在是一件既徒劳又可笑的行为，这等于是要控制自然，要更改上帝的作品。

——《爱弥儿——论教育》上卷，第 274 页

如果我们根据人之有欲念是由于人的天性这个事实进行推断，我们是不是因此就可以得出结论说，我们在我们自己身上所感觉到的和看见别人所表现的一切欲念都是自然的呢？是的，它们的来源都是自然的：但是，千百条外来的小溪使这个源头变得很庞大了，它已经是一条不断扩大的大江，我们在其中很难找到几滴原来的水了。

——《爱弥儿——论教育》上卷，第 274 页

我们的种种欲念的发源，所有一切欲念的本源，唯一同人一起产生而且终生不离的根本欲念，是自爱，它是原始的、内在的、先于其他一切欲念的欲念，而且，从一种意义上说，一切其他的欲念只不过是它的演变。

——《爱弥儿——论教育》上卷，第 275 页

自爱始终是很好的，始终是符合自然的秩序的。由于每一个人对保存自己负有特殊的责任，因此，我们第一个最重要的责任就是而且应当是不断地关心我们的生命。

——《爱弥儿——论教育》上卷，第 275 页

自爱心所涉及的只是我们自己，所以当我们真正的需要得到满足的时候，我们就会感到满意的；然而自私心则促使我们同他人进行比较，所以从来没有而且永远也不会有满意的时候，因为当它使我们顾自己而不顾别人的时候，还硬要别人先关心我们然后才关心他们自身，这是办不到的。

——《爱弥儿——论教育》上卷，第 276—277 页

在这个世界上，有千百种强烈的欲念湮没了内在的情感，瞒过了

良心的责备。道德的实践给人带来了委屈和羞辱,因而使人感觉不到道德的美。

——《爱弥儿——论教育》下卷,第389页

如果最高的正义之神要报复的话,他就要在今生报复。世界上的各民族啊,你们和你们的过错就是他的使臣。他利用你们的灾难去惩罚那些酿成灾难的罪人。在你们表面上极其隆盛的时候,凶恶的欲念给你们的罪恶带来惩罚,表现在你们欲念难填的心在遭受妒忌、贪婪和野心的腐蚀。何必到来生去找地狱呢?它就在这个世界上的坏人的心里。

——《爱弥儿——论教育》上卷,第390页

我们只能够以欲念来控制欲念,我们必须利用它们的威力去抵抗它们的暴虐,我们始终要从天性的本身去寻找控制它的适当的工具。

——《爱弥儿——论教育》上卷,第459页

人类天生的唯一无二的欲念是自爱,也就是从广义上说的自私。这种自私,对它本身或对我们都是很好和很有用处的;而且,由于它不一定关系到其他的人,所以它对任何人也自然是公允的,它的变好或变坏,完全看我们怎样运用和使它具有怎样的关系而定。

——《爱弥儿——论教育》上卷,第88页

在激动人心的各种情欲中,使男女需要异性的那种情欲,是最炽热也是最激烈的。这种可怕的情欲能使人不顾一切危险,冲破一切障碍。当它达到疯狂程度的时候,仿佛足以毁灭人类,而它所负的天然使命本是为了保存人类的。

——《论人类不平等的起源和基础》第104页

我们首先应该承认，情欲越强烈，便越需要法律的约束。但是，这种情欲每天在我们当中所引起的混乱和所造成的罪恶已足以证明法律在这方面力量的薄弱。

——《论人类不平等的起源和基础》第 104 页

正是由于每个人都渴望别人颂扬自己，正是由于每个人都几乎终日如疯似狂地想出人头地，才产生了人间最好和最坏的事物：我们的美德和我们的恶行；我们的科学和我们的谬误；我们的征服者和我们的哲学家；也就是说，在极少数的好事物之中有无数的坏事物。

——《论人类不平等的起源和基础》第 144 页

原始人的情欲是如此的不强烈，并且情欲还受到同情心的有益约束，所以与其说他们是邪恶的，不如说他们是粗野的；与其说他们是有意去伤害他人，不如说他们是有意识地去保护自己免于遭受可能的伤害。

——《论人类不平等的起源》第 34 页

贪婪的野心，一种不再是为了真实的需要，而是为了出人头地而不断积聚财富的狂热使得所有的人都产生了伤害他人的阴暗意图和隐秘的嫉妒心；这种嫉妒心是特别险恶的，因为人们为了更加有保障地达到目标，将会戴上伪善的面具。

——《论人类不平等的起源》第 61 页

7. 感观与痛苦

> 我先有感觉后有思考，这本是人类共同的命运。但这一点我比别人体会得更深。
>
> ——《忏悔录》第 6 页

> 人们可以设想，一个儿童在平常生活里性情腼腆温顺，但在激情奋发的时候却是那样激烈、高傲而不可驯服。他一向听从理智的支配，日常所受到的都是温柔、公正、亲切的待遇。在他心里连不公正这个观念都没有，可是现在恰恰受到了他所最爱和最尊敬的人们方面的第一次不公正的磨难。当时，他的思想该是多么混乱！他的感情该是多么复杂！在他的心里，在他的脑海中，在他那整个小小生灵的精神和理智里又该是多么天翻地覆的变化！我所以要请读者们，如果可能的话，自己想象一下这种情况，是因为我那时是怎样一种心情，我自己也无力分析清楚和详细叙述出来。
>
> ——《忏悔录》第 9 页

> 那时我还没有足够的能力去理解表面的情况如何使我脱不开罪责，我也不会设身处地替别人想一想。我只能从我本身着想，我感觉到的只是：因为一个并不是我犯的过错，竟给我如此严厉的惩罚，实在太残酷了。肉体上的痛楚虽然剧烈，我并不觉得怎么样，我所感觉到的只有气愤、激怒和失望。
>
> ——《忏悔录》第 9 页

我的师傅，人称杜康曼先生，是一个脾气粗暴的青年人，在很短的期间里，就把我儿童时代的一切光华全都磨光了；他摧残了我那温柔多情、天真活泼的性格，使我不但在实际生活上，而且在精神面貌上变成了一个真正的学徒。

——《忏悔录》第 15 页

我觉得挨打抵消偷窃罪行的一种方式，我倒有了继续偷窃的权利了。我并不把眼睛向后看、看我挨打时的情况，而是把眼睛向前看，看我究竟怎样复仇。我心里想，既然按小偷来治我，那就等于认可我做小偷。我发现，偷东西与挨揍是相辅而行的事情，因而构成了一种交易，作为交易的一方，我只要履行我所承担的义务就行了，至于对方的义务，那就让我师傅费心去履行吧。在这种思想的支配下，每当我偷东西的时候，就比以前更加心安理得了。

——《忏悔录》第 17 页

除了体力、健康和良知以外，人生的幸福是随着个人的看法不同而不同的；除了身体的痛苦和良心的责备以外，我们的一切痛苦都是想象的。

——《爱弥儿——论教育》上卷，第 69 页

把你的生活限制于你的能力，你就不会再痛苦了。

——《爱弥儿——论教育》下卷，第 73 页

远虑！使我们不停地做我们力不能及的事情，使我们常常向往我们永远达不到的地方，这样的远虑正是我们种种痛苦的真正根源。

——《爱弥儿——论教育》上卷，第 72 页

考验越巨大、严厉、频繁，对于懂得如何经受考验的人来说越有好处。对于任何能看出这种痛苦所带来的益处的人，无论多强烈的痛苦，都会失去它的效果。而我曾在沉思中得到的主要收获就是相信能够得到这种益处。

——《孤独散步者的遐想》第 40 页

在命运造成的伤害中，肉体的痛苦最容易忍受。当不幸的人不知道该向谁抱怨他们所受的痛苦时，他们更去找命运，把命运拟人化，把它当作不缺眼睛、不少思想的活物，来折磨解恨。

——《一个孤独的散步者的遐想》第 128 页

对唾手可得的东西，我感到厌烦，那些可能诱惑我的东西，我又觉得它们离我太远，于是找不到任何能够打动我的心弦的东西了。我的感官早已蠢蠢欲动，我简直想象不出它所要求的享乐究竟要达到怎样的目标。

——《忏悔录》第 20 页

每当我亲眼看到人们向我过分加以渲染的事物的时候，扫兴的感觉无不相同：因为要想使自己所看见的比自己所想象的还要丰富，这不仅是人力所不及，大自然本身也是很难胜任的。

——《忏悔录》第 73 页

当我洋洋自得地翱翔九霄的时候，读者，公众，甚至全世界，对我又算得什么呢？再说，我能随身带着纸吗？笔吗？如果我记着这些事，我就什么也想不出来了。我也不能预先知道我会有什么灵感，我的灵感什么时候来，完全在于它们而不在我，它们有时一点儿也不来，有时却蜂拥而至，它们的数量和力量会把我完全压倒，每天写十本书也写不完。我哪有时间来写这些呢？到了一个地方，我想的只是好好地饱餐一顿。起程时，我只想一路顺利。我觉得门外有一个新的乐园正在等着我，我一心只想去找它。

——《忏悔录》第 76 页

托天之福，现在我总算摆脱了这些障碍，我又可以随意深入幻想之乡，因为在我的前面除此之外没有别的了。我就这样徘徊于幻想之乡，竟至有好几次真的走错了路，可是如果我没有走错路而尽走了直路的话，我反而会觉得扫兴的，因为当我觉得到了里昂，就要由梦想返回现实的时候，我真想永远走不到里昂。

——《忏悔录》第 76 页

我的幻想只是在我的境遇最不顺利的时候才最惬意地出现在我的脑际，当我周围的一切都是喜气洋洋的时候，反而不那么饶有趣味了。我这执拗的头脑不能适应现实事物。它不满足于只美化现实，它还想到要创造现实。现实中的事物充其量不过是按原来的样子展现在我的头脑中；而我的头脑却善于装饰想象中的事物。我必须在冬天才能描绘春天，必须蛰居在自己的斗室中才能描绘美丽的风景。

——《忏悔录》第 78 页

我以激动的心情，一步一步地接近了我又要见到的最好的女友。我预先就享受到生活在她身边的快乐了，但是，我并不感到陶醉，这种快乐一直在我意料之中，所以一旦到来，并无任何新奇之感。我为我将去做的工作感到不安，就好像那是一件值得十分忧虑的事情一样。

我的思想是恬静和甜蜜的 但并不是虚幻缥缈、美妙诱人的。我在一路上所见到的东西样样都能引我注目，所有的景色都使我神往。我留意着树木、房屋、溪流；到了十字路口时，我反复寻思应走的方向，唯恐迷了路，可是我一点也没有迷路。总之，我已不像上次那样，心在九霄云外；我的心有时在我所到的地方，有时在我所要去的地方，没有一刻离开现实。

——《忏悔录》第 78 页

我喜欢从容不迫地走路，想停就停。飘泊的生活正是我需要的生活。在天朗气清的日子里，不慌不忙地在景色宜人的地方信步而行，最后以一件称心的事情结束我的路程，这是各种生活方式中最合我口味的生活方式。

——《忏悔录》第 78 页

时间或死亡是医治我们痛苦的良药；我们愈不知道忍受，我们就愈感到痛苦；我们为了医治我们的疾病而遭受的折磨，远比我们在忍受疾病的过程中所遭受的折磨来得多。

——《爱弥儿——论教育》第 71 页

我们的生命愈失去它的价值，我们对它愈觉忧虑。老年人比年轻人对它更感到依恋，他们舍不得抛弃他们为享受而做的种种准备；到了六十岁，还没有开始过快乐的生活就死了的话，那的确是很痛心的。

——《爱弥儿——论教育》上卷，第 71 页

身体太舒服了，精神就会败坏。没有体会过痛苦的人，就不能理解人类爱的厚道和同情的温暖；这样的人势必心如铁石，不同他人相

往来，他将成为人类中的一个怪物。

——《爱弥儿——论教育》上卷，第 79 页

一切痛苦的感觉都是同摆脱痛苦的愿望分不开的，一切快乐的观念都是同享受快乐的愿望分不开的；因此，一切愿望都意味着缺乏快乐，而一感到缺乏快乐，就会感到痛苦，所以，我们的痛苦正是产生于我们的愿望和能力的不相称。一个有感觉的人在他的能力扩大了他的愿望的时候，就将成为一个绝对痛苦的人了。

——《爱弥儿——论教育》第 68 页

当一个人受过痛苦，或者害怕受痛苦的时候，他就会同情那些正在受痛苦的人的；但是，当他自己受痛苦的时候，他就只同情他自己了。

——《爱弥儿——论教育》上卷，第 302 页

谁要是遇到一点点痛苦就不能忍受的话，他准定是要遭到更大的痛苦的。

——《爱弥儿——论教育》下卷，第 386 页

任何一个人，只要他不常常想到痛苦，不瞻前顾后，他就不会感觉到什么痛苦。

——《爱弥儿——论教育》下卷，第 386 页

肉体的折磨非但没有增添我的苦恼，反倒使我借此折磨得以排遣苦恼。如果肉体的痛苦使我喊叫起来，或许因而不会发出苦闷的呻吟。我肉体的剧痛或许还会使我心灵的痛苦暂停。

——《一个孤独的散步者的遐想》第 4 页

对痛苦的等待使我比实际上大祸临头时还要难受百倍。

——《一个孤独的散步者的遐想》第 5 页

在这不幸中支撑着我的只有我的清白无辜：设若我将这唯一的、强有力的源泉抛弃，而代之以邪恶，那我将是何等的更加不幸呢？

——《一个孤独的散步者的遐想》第 44 页

那些飘忽的希望和令人丧气的疑惑，直到今天还不时把我的心骚扰，使这颗心忧伤。

——《一个孤独的散步者的遐想》第 45 页

世俗的和肉欲的杂念总是不断地分散和扰乱我们对生活在人间的甜美感觉。

——《一个孤独的散步者的遐想》第 82 页

只需要足够的思考就能回忆起自己，而把痛苦忘却。无论在哪里，只要能够静下心来，就可以去幻想。

——《一个孤独的散步者的遐想》第 83 页

人们相信，最令人难堪的不幸，只要不去想它，就可以免受其害。

——《一个孤独的散步者的遐想》第 131 页

只有理智可以为我们减轻痛苦甚至使之完全消失，就好像痛苦并没有直接在我们身上发生作用一样。

——《一个孤独的散步者的遐想》第 131 页

真正需要的东西并不多,是预感和想象把这个需要量扩大了。不正是由于不断地有这些感觉,人们才忧心忡忡,觉其不幸么?

——《一个孤独的散步者的遐想》第 132 页

我每每看到令人憎恨的人,就会强烈地感到痛苦,但他刚在视线中消失,这种感觉也就马上没有了。

——《一个孤独的散步者的遐想》第 135 页

如果一个人竟可怜到没有做过一件使他回忆起来对自己感到满意,而且觉得没有白活一生的事情,那么,这个人可以说是缺乏认识自己的能力;而且,由于他意识不到什么德行最适合于他的天性,因此他只好一直做一个坏人,感到无穷的痛苦。

——《爱弥儿——论教育》下卷,第 401 页

每个人都知道,奴役的锁链仅仅是在人们相互依赖和彼此需要的时候才能够形成;彼此的需要使人们彼此结合起来。如果不首先使一个人陷入如果离开某一人就不能生存的状态,那么这个人就永远不可能奴役那个人。

——《论人类不平等的起源》第 42 页

在新的状态中,人们过着很少往来的简单生活。他们的需要非常有限,为了满足这些需要而发明的工具也非常少。因此,人们可以享受大量的闲暇时光,他们用这些时光获得了许多为其祖先所不知道的享受。这是他们无意中为自己戴上的第一个枷锁,也是为自己的后代准备了第一个罪恶之源。因为这种享受不仅持续地侵蚀我们的身体与

头脑，使它们虚弱下去，而且享受一旦成为习惯，就失去了快乐的力量，同时蜕化成生活的真正需要。于是，得不到它们的残酷比得到它们的幸福更大。当人们占有它们的时候，并不感到幸福，失去的时候却十分苦恼。

——《论人类不平等的起源》第51页

在人们需要他人的帮助时，在人们发现占有两人的供给的好处时，平等就消失了，财产权就产生了，工作变成了必需，广阔的森林就变成了需要人们用汗水灌溉的生机勃勃的田野。不久，人们就会看到奴役和痛苦就会随着农作物一同萌芽和滋长。

——《论人类不平等的起源》第56页

不论我们身处怎样的环境中，我们总是感到不幸的原因就是由于自负之心在搞鬼。当理性代替了自负心时，我们就不会再为不能避开所有的不幸而感到痛苦。

——《孤独散步者的遐想》第126页

造成我一生痛苦的原因就是我的感觉对情感的支配。

——《孤独散步者的遐想》第129页

如果我可以从他人的眼神里看到那种一如既往的欢愉和满意的心情，这种情感的表达尽管短暂但依旧甘美，它将会补偿我遭遇到的所有痛苦和不幸，而我也不会从动物身上去寻找人们拒绝给予我的善意的目光。在我的记忆中，这善意的目光是何等的珍贵啊！

——《孤独散步者的遐想》第140页

三、社　会

  如果我们用一种冷静的、客观的眼光来看人类社会的话，它首先显示出的似乎只是强者的暴力和弱者的受压迫；于是我们的心灵对某一部分人的冷酷无情愤懑不平，而对另一部分人的愚昧无知则不免表示惋惜。

——《论人类不平等的起源和基础》第 68 页

1. 人世间

  表面的环境虽然没有变，生活实际完全不同了。学生对于他们的教导者再也没有那种热爱、尊敬、亲密和信赖的关系了，我们再不把他们看作洞悉我们心灵深处的神灵了！我们做了坏事不像从前那样感到羞愧，而是比以前更加害怕被人告发；我们开始隐瞒、反驳、说谎。我们那个年龄所能有的种种邪恶，腐蚀了我们的天真，丑化了我们的游戏。田园生活在我们眼中也失去了那种令人感到惬意的宁静和淳朴，好像变得荒凉阴郁了；又像盖上了一层黑幕，使我们看不到它的优美。小花园也辍了耕，我们不再去莳花锄草。我们不再轻轻地去把地上的土掀开，发现我们撒下的种子发了芽也不再欢呼了。

——《忏悔录》第 9 页

不过，很多琐事证明，我们最初的教育是多么需要很好的指导，才能使我们这些在那样幼小的年龄就几乎自己管束自己的孩子很少滥用这种放任。

——《忏悔录》第 11 页

为什么我年轻的时候遇到了这样多的好人，到我年纪大了的时候，好人就那样少了呢？是好人绝种了吗？不是的，这是由于我今天需要找好人的社会阶层已经不再是我当年遇到好人的那个社会阶层了。在一般平民中间，虽然只偶尔流露热情，但自然情感却是随时可以见到的。在上流社会中，则连这种自然情感也完全窒息了。他们在情感的幌子下，只受利益或虚荣心的支配。

——《忏悔录》第 68 页

我们也应当思考一下：在某种世态中，人们不得不相互爱抚而又相互伤害；由于义务，人们生来就是仇敌；由于利益，人们必须相互欺骗，这是何等的世态！

——《论人类不平等的起源和基础》第 160 页

如果有人对我说，社会就是这样组成的：每个人为他人服务就可以获得自己的利益。那么，我将答辩说：那当然是很好的，如果他不因损害他人还能获得更多利益的话。绝没有一种合法的利润能够比得上非法取得的利润，而损人的事情总是比为别人服务更有利可图的。问题只在于如何使自己逍遥法外不受惩罚。所以在这上面强者要用尽他的势力，弱者要用尽他的诡计。

——《论人类不平等的起源和基础》第 160—161 页

你喜欢怎样赞美人类社会就怎样赞美吧，可是无论如何人类社会必然是：人们的利害关系越错综复杂，相互嫉恨的心理便越增长。于是人们表面上像是互相帮助，实际上却无所不至地在互相残害。

——《论人类不平等的起源和基础》第 159—160 页

如果人类的自我保存仅仅依赖于个体的推理，那么人类可能早已经灭绝了。

——《论人类不平等的起源》第 34 页

只有在社会中，爱情和其他所有的情欲才会达到狂热的程度，这种狂热常常给人们带来致命的灾难，这是一个无可争辩的事实。

——《论人类不平等的起源》第 37 页

人们间的冲突也并没有使得人类像其他动物一样同归于尽，由此，我们不得不承认这些冲突对于我们来说还是可以接受的。

——《论人类不平等的起源》第 38 页

丈夫、妻子、父母、子女共同居住在一个住所中，共同生活的习惯产生了对人类而言最为甜蜜的情感——夫妻之间的爱和父母对孩子的爱。每一个家庭成了一个更好地结合在一起的小社会，因为相互的友爱和自由是联系着小社会的唯一纽带。

——《论人类不平等的起源》第 50 页

一个社会的创立如何使得其他所有社会的建立成为不可避免的事实。为了对抗联合的力量，其他人无论如何都必须依次联合起来。随着社会的增多与扩展，很快地球的表面全部被社会覆盖了。

——《论人类不平等的起源》第 66 页

  社会起初不过是由少数几个公约组成的，每个人都必须遵守它们，并由共同体对个体承担保证人的责任。只有当经验表明这样的组织是如何脆弱的时候，违法者是多么轻易地就能够逃脱刑事案件的认定和惩罚——因为只有公众才能够对违法者的罪行做证和裁判——的时候，只有法律被人们以千百种方法规避的时候；只有不便和混乱持续增加的时候，人们才终于想到冒险将公共权力委托给特定的个人，才想到把执行人民的决议的任务委托给官员。

——《论人类不平等的起源》第 69 页

  我们可以确定，政府并不是从专制权力中起源的。专制权力仅仅是政府腐败的终点，它使得政府最终返回到最强者权力上，而起初政府的引进乃是为了弥补最强者的权力的不足。

——《论人类不平等的起源》第 75 页

  作恶的强者逍遥法外，无辜的弱者遭殃，走遍天下皆是如此。

——《忏悔录》第一部，第 37 页

  一个不贞的妻子，公开践踏自己的一切义务，认为没让丈夫当场捉获她的奸情，便是对他的一种恩典，他还该衷心感激她，世上有比这样不贞的妻子的得意扬扬的劲儿更令人气愤的么？

——《忏悔录》第二部，第 538 页

  恶人的仇恨心，越是找不出仇恨的理由就越发强烈，越觉得他们自己不对就越发对对方怀恨。

——《忏悔录》第二部，第 584 页

你已经不是某人的朋友了，却还显出是某人的朋友的样子，这就是你想留一手儿，好欺骗老实人以便来损害某人。

——《忏悔录》第二部，第 614 页

在我沉溺于其中的这个不幸的深渊里，我感到人家给我的打击，一下一下都落到我的身上，我看到打击我的直接工具，却看不见那只操纵工具的手，又看不见这只手所使用的方法。

——《忏悔录》第二部，第 726 页

支配我们的人是艺术家、大人物和大富翁，而对他们进行支配的，则是他们的利益和虚荣。

——《爱弥儿——论教育》下卷，第 482 页

有些社会职业似乎可以改变人的天性，可以把从事那种职业的人重新铸造成好人或坏人。

——《爱弥儿——论教育》下卷，第 488 页

世人的议论是葬送男人的美德的坟墓，然而却是荣耀女人的王冠。

——《爱弥儿——论教育》下卷，第 517 页

慈爱的神，你的能力用到什么地方去了？我发现这个地球上充满了罪恶。

——《爱弥儿——论教育》下卷，第 380 页

我愈扪心自问，我愈领会到刻画在我心灵中的这句话："行事正义，你就可以得福。"然而，把现在的事情拿来一看，却不像这句话所说的样子；坏人是命运享达，而正义的人一直是受到压迫。

——《爱弥儿——论教育》下卷，第387页

因为当我看见人们的真正面目和不难洞悉他们内心的隐秘时，我们兴许就会发现，只有极少数人狰狞可憎而值得我去恨。

——《爱弥儿——论教育》上卷，第98页

我发现，在对待我的问题上，所有的人都丧失了理性，我发现这一代人全都发疯了，统统盲目地加入他们的那些引导者的那一股无名火中，去攻击一个从来不曾、也未曾设想去伤害任何人的不幸者。

——《一个孤独的散步者的遐想》第127页

一块瓦片从房顶上落下，是有可能伤着我们的，但不及坏人蓄意投掷过来的石头那样伤及人的心。

——《一个孤独的散步者的遐想》第128页

只要我们善于探寻，总可以在我们内心找出任何做出不自觉动作的原因。

——《孤独散步者的遐想》第83页

在施恩者和受惠者之间，有着一种契约，而这种契约甚至是所有契约当中最神圣最崇高的一种。他们之间所形成的那种社会关系是人们的各种平常关系中最为紧密的。

——《孤独散步者的遐想》第87页

一个被拒者没有权利抱怨别人拒绝他,因为在首次他有所求的时候就已经遭到了拒绝;但是在同样的情况下,拒绝曾经给过恩惠的人以同样的恩惠,那就意味着他使别人产生的期望落空了。这是别人认为不公道的,甚至是比前一种拒绝更为残酷的。然而,这种拒绝是某种独立的、不受约束的表现,这种独立是人类所共有的,要放弃它实在太难了。

——《孤独散步者的遐想》第87页

从我所得到的乐趣中,我发现即便是最普通的乐趣,如果难以实现的话,就会使这种乐趣的价值得到增加。

——《孤独散步者的遐想》第149页

2. 专制与民主

有一种最根本的无可避免的缺点,使得国君制政府永远不如共和制政府,那就是:在后者之中差不多唯有英明能干的人,公共舆论才会把他们提升到首要的职位上来,而他们也会光荣地履行职务的;反之,在君主制之下,走运的人则每每不过是些卑鄙的诽谤者、卑鄙的骗子和卑鄙的阴谋家;使他们能在朝廷里爬上高位的那点小聪明,当他们一旦爬了上去之后,就只能向公众暴露他们的不称职。

——《社会契约论》第96—97页

事实上,我们越是加以思索,就越会在这里面发现自由国家与国君制国家之间的不同。在前者之中,一切都是用于共同的利益;而后者之中，则公共力量与个别力量二者是互为倒数的，一个的扩大乃是由于另一个的削弱。归根到底，专制制度之统治臣民并不是为了要使他们幸福，而是要使他们贫愁困苦，以便统治他们。

——《社会契约论》第 105 页

假如对于出生的地方也可以选择的话，我一定会选择这样一个国家：它的幅员的大小决不超出人们才能所及的范围以外，也就是说能够把它治理得好。

——《论人类不平等的起源和基础》第 51 页

我情愿生在这样一个国家：在那里主权者和人民只能有唯一的共同利益，因之政治机构的一切活动，永远都只是为了共同的幸福。这只有当人民和主权者是同一的时候才能做到。

——《论人类不平等的起源和基础》第 51 页

不管一个国家的政体如何，如果在它管辖范围内有一个人可以不遵守法律，所有其他的人就必然会受这个人的任意支配。

——《论人类不平等的起源和基础》第 52 页

暴君剥夺臣民，算是公正；暴君让臣民活着，算是施恩。

——《论人类不平等的起源和基础》第 135 页

在一个国家里，如果任何人都不规避法律，任何官员都不滥用职权，那么，这个国家就既不需要官员也不需要法律。

——《论人类不平等的起源和基础》第 142 页

专制政治是不容许有任何其他的主人的，只要它一发令，便没有考虑道义和职责的余地。

——《论人类不平等的起源和基础》第 145 页

以绞杀或废除暴君为结局的起义行动，与暴君前一日任意处理臣民生命财产的行为是同样合法。暴力支持他；暴力也推翻他。

——《论人类不平等的起源和基础》第 146 页

用奢侈来医治灾难，结果它所带来的灾难比它所要医治的灾难，还要深重；我们甚至可以说，无论在大小国家中，奢侈本身是所有灾祸中最大的灾祸。

——《论人类不平等的起源和基础》第 165 页

在这个世界上，没有什么比父权的温和与专制政治的凶残之间的差别更大了，因为父权更多的是为了服从者的利益，而非命令者的利益。

——《论人类不平等的起源》第 72 页

专制君主掠夺臣民，算是公正；专制君主让臣民活下去，算是仁慈。

——《论人类不平等的起源》第 73 页

因为在专制的国家中，"没有人能够期望从可敬的言行中得到什么。"专制盛行的地方，将不再有其他的主人，只要它一说话，便没有道义与职责讨论的余地。对于奴隶们而言，最盲目地服从是他们唯一需要的美德。

——《论人类不平等的起源》第 85 页

强力造出了最初的奴隶,他们的怯懦则使他们永远当奴隶。

——《社会契约论》第 11 页

即使是最强者也决不会强得足以永远做主人,除非他把自己的强力转化为权利,把服从转化为义务。

——《社会契约论》第 12 页

强力并不构成权利,而人们只是对合法的权力才有服从的义务。

——《社会契约论》第 14 页

无论我们从哪种意义来考察事物,奴役权都是不存在的;不仅因为它是非法的,而且因为它是荒谬的,没有任何意义的。

——《社会契约论》第 20 页

"要寻找出一种结合的形式,使它能以全部共同的力量来卫护和保障每个结合者的人身和财富,并且由于这一结合使每一个与全体相联合的个人又只不过是在服从自己本人,并且仍然像以往一样地自由。"这就是社会契约所要解决的根本问题。

——《社会契约论》第 23 页

刑罚频繁总是政府衰弱或者无能的一种标志。……在一个治绩良好的国家里,刑罚是很少见的,这倒不是因为赦免很多,而是因为犯罪的人很少。

——《社会契约论》第 47 页

如果我们探讨，应该成为一切立法体系最终目的的全体最大的幸福究竟是什么，我们便会发现它可以归结为两大主要的目标：即自由与平等。

——《社会契约论》第 69 页

行政官的人数愈多，则政府也就愈弱。

——《社会契约论》第 82 页

主权者可以把政府委之于全体人民或者绝大部分的人民，从而使作行政官的公民多于个别的单纯的公民。这种政府形式，我们名之为民主制。

再则，也可以把政府仅限于少数人的手里，从而使单纯的公民的数目多于行政官，这种形式就称为贵族制。

最后，还可以把整个政府都集中于一个独一无二的行政官之手，所有其余的人都从他那里取得权力。这第三种形式是最常见的，它就叫做国君制或者皇家政府。

——《社会契约论》第 85—86 页

就民主制这个名词的严格意义而言，真正的民主制从来就不曾有过，而且永远也不会有。

——《社会契约论》第 88 页

国王的私人利益首先就在于人民是软弱的，贫困的，并且永远不能抗拒国王。

——《社会契约论》第 95 页

如果由于某种幸运的机缘，一个天生治国的人物居然在一个几乎被一群矫揉造作的执政者们弄得举国陆沉的国君制里执掌了国政的话，他所发挥的才能一定会使人们大为惊讶；这就会给那个国家开辟一个新时代。

——《社会契约论》第 97 页

把国家收买到手的人到头来而不出卖国家，而不从弱者的身上捞回自己以前被强者所敲去的那笔钱，那是难得有的事。

——《社会契约论》第 98 页

统治乃是那样的一种科学，人们学得太多之后，掌握得就最少，但在只知服从而不知号令的时候，就收获最多。

——《社会契约论》第 99 页

我们很明白，当我们有了一个坏政府的时候，我们必须忍受它；但问题应该是，怎样才能找到一个好政府。

——《社会契约论》第 102 页

在全世界的一切政府中，公家都是只消费而不生产的。那么，他们所消费的资料从何而来？那就来自其成员的劳动。正是个人的剩余，才提供了公家的所需。

——《社会契约论》第 104 页

假如我们想要建立一种持久的制度的话，就千万不要梦想使它成为永恒的吧。

——《社会契约论》第 116—117 页

和平、团结、平等是政治上一切尔虞我诈的敌人。

——《社会契约论》第 135 页

国家在濒于毁灭的时候，就只能以一种幻觉的而又空洞的形式生存下去，社会的联系在每个人的心里都已经破灭了，最卑鄙的利益竟厚颜无耻地伪装上公共幸福的神圣名义；这时候，公意沉默了，人人都受着私自的动机所引导，也就再不作公民而提出意见了，好像国家从来就不曾存在过似的。

——《社会契约论》第 136 页

法律就是暴力，只不过换了一个词来说罢了。

——《爱弥儿——论教育》下卷，第 679 页

国王只有使用军队才能得到人民的服从；臣民之所以尊敬他，完全是由于害怕受到惩罚。

——《爱弥儿——论教育》下卷，第 451 页

只要有人谈到国家大事时说：这和我有什么相干？我们可以料定国家就算完了。

——《社会契约论》第 124—125 页

3. 统治者与法律

政治社会的首领对于人们的幸福绝没有任何自然的兴趣，他倒常常从人们的痛苦中追求自己的幸福。

——《论政治经济学》第 3 页

一家之父唯一需要小心的是谨防堕落，并保持自然欲望的纯洁，而使行政官腐化的正是这些东西。

——《论政治经济学》第 3 页

天性曾造成了许多善于治家的父亲，可是，亘古以来人类智慧所造成的严明长官，却只有少数的几个。

——《论政治经济学》第 8 页

统治者是法律的臣仆，他的全部权力都建立于法律之上。

——《论政治经济学》第 9 页

政治家的可敬的统治所驾驭的是他的人民的意志，而不是他们的行动。

——《论政治经济学》第 10 页

可以肯定的是，一个统治者所能拥有的最大的才能，就是把他的权力隐藏起来，使它不那么令人生厌，同时能平安无事地领导国家，使它显得仿佛并不需要什么领导人。

——《论政治经济学》第 11 页

历史告诉我们，在无数事例中，一个受人爱戴的人对他所爱护的人们的权威，要比所有篡夺者的暴政强千百倍。

——《论政治经济学》第 15 页

一个人要公正首先必须严肃。要放任恶习（当他有权加以控制时），自己一定有恶习。

——《论政治经济学》第 15 页

如果说发号施令是一件美事，也只是在服从我们的人都能够爱我们的时候。

——《论政治经济学》第 19 页

尊敬你的同胞，你们自己就值得受人尊敬；尊敬自由，你的权力就会与日俱增。永远不逾越你的权利，那么，你的权利不久就会变成无限了。

——《论政治经济学》第 19 页

公共的钱一定要通过统治者之手，所有的统治者除了国家利益以外，都有他们自己的个人利益，而且这些个人利益还不是最后才去考虑的东西。

——《论政治经济学》第 26 页

当不道德的行为不再算作有失体面时，什么领袖还情愿洁身自好，不去动用他们可以予取予求的国家税收，也不随时自己骗自己，假装把自己的奢华浪费和国家的光荣混淆在一起，把扩展自己的权威的手段和增加国力的手段混淆在一起呢?

——《论政治经济学》第 28 页

一个人上升到可以号令别人的时候,一切就都来竞相剥夺他的正义感和理性了。

——《社会契约论》第 99 页

人们之有正义与自由应该完全归功于法律。

——《论政治经济学》第 9 页

实际上,由于一切社会契约的性质都是双方面的,所以谁也不可能把自己放在法律之上,而同时又不否认法律的优越性;一个人如果不肯对别人承担义务,那么,也就不会有人肯对他承担任何义务。

——《论政治经济学》第 9 页

当任何人能认为不遵守法律是好事时,这个国家就临近灭亡了。如果贵族和军人采用这种行为准则,则一切东西都将无可补救地丧失净尽。

——《论政治经济学》第 10 页

法律的力量,与其说依存于执法者的严厉,不如说依存于本身的智慧。

——《论政治经济学》第 10 页

尊重法律是第一条重要的法律;而严厉的惩罚只是一种无效的手段,它是气量狭小的人所发明的,旨在用恐怖来代替他们所无法得到的对法律的尊重。

——《论政治经济学》第 10 页

由于立法者首要的责任是使法律与公共意志一致，公共经济的第一准则是法律的执行必须和法律一致。

——《论政治经济学》第 11 页

并非只有正直的人才懂得如何执行法律，但实际上只有好人才懂得如何遵守法律。

——《论政治经济学》第 13 页

不管政府如何贤明，人民及其统治者的腐败最后总会扩及到政府。最坏的弊端是只为了实际上能够安全地破坏法律而表面上服从法律。因为，这样一来，最好的法律立刻就会变成最有害的法律，倒是没有法律要比它强上千百倍。

——《论政治经济学》第 13 页

法律愈繁则愈为人所轻视。所有被派往监督法官的新官，无非是新添的一群破坏法律的人而已。他们不是去和他们的前辈分赃，就是自己单独去掠夺。奖励为善不久就变成了奖励掠夺。最卑鄙的人一跃而为威信极高的人。他们的地位越高，行为就越可鄙。

——《论政治经济学》第 13—14 页

统治者一有恶意实际上就能把权利的一切功能化为乌有。法律一被统治者这样滥用，马上成为强者的攻击人的武器，成为反对弱者的盾牌。

——《论政治经济学》第 20 页

当国家有了需要保护的穷人和应加约束的富人时，国家就已经面临着莫大的祸害。这时法律的力量只能施之于中等阶级；它们对富人的富足和对穷人的贫乏都无能为力。富人嘲弄它们，而穷人却躲避它们。前者冲破法网，而后者穿过法网。

——《论政治经济学》第 20 页

财产权的确是所有公民权中最神圣的权利，它在某些方面，甚至比自由还更重要。……法律应该更多地注意最容易被剥夺的东西。

——《论政治经济学》第 25 页

富人没有证明自己拥有过多财产合理性的有力理由和保护自己的足够力量，虽然他可以轻而易举地制服某一个人，但却被成群的强盗所制服。富人是以一敌众，因为他们之间相互嫉妒所以不能形成共同的联盟去对抗那些因为抢劫这个共同的愿望联合起来的敌人。为情势所逼，富人最终构思出了一个最为狡猾的计划，这个计划从来没有进入过人类的头脑，那就是利用那些攻击他的力量为自己服务，变敌人为他的守卫者，向他们灌输新的格言，为他们建立新的制度，这些制度对他有利就如同自然权利对他有害一样。

——《论人类不平等的起源》第 64 页

富人向他的邻人们叙述了一种可怕的状态，在这种状态中，所有的人都武装起来相互对抗，从而使得人们对财产的占有成为与对财产的渴求同样的负担，无论是对于穷人还是对于富人，这都是毫无安全感可言的。

——《论人类不平等的起源》第 64 页

一个社会的创立如何使得其他所有社会的建立成为不可避免的事实。为了对抗联合的力量，其他人无论如何都必须依次联合起来。随着社会的增多与扩展，很快地球的表面全部被社会覆盖了。

——《论人类不平等的起源》第 66 页

人们既然在一切社会关系上已经将他们的意志凝结成了统一的意志，那么，所有宣告这个意志的条款都应该是这个国家的每一个成员的根本法。

——《论人类不平等的起源》第 76 页

如果一个政府，它不腐败也不堕落，完美地遵循着其使命不断前进，那么这个政府就没有必要建立了；如果在一个国家中，没有一个人会规避法律或者滥用职权，那么，这个国家就既不需要法律也不需要官员了。

——《论人类不平等的起源》第 80 页

4．平等与不平等

我认为在人类中有两种不平等：一种，我把它叫做自然的或生理上的不平等，因为它是基于自然，由年龄、健康、体力以及智慧或心灵的性质的不同而产生的；另一种可以称为精神上的或政治上的不平等，因为它是起因于一种协议，由于人们的同意而设定的，或者至少是它的存在为大家所认可的。第二种不平等包括某些人由于损害别人而得以享受的各种特权，譬如：比别人更富足、更光荣、更有权势，或者甚至叫别人服从他们。

——《论人类不平等的起源和基础》第 70 页

大家都承认，人与人之间本来都是平等的，正如各种不同的生理上的原因使某些种类动物产生我们现在还能观察到的种种变型之前，凡属同一种类的动物都是平等的一样。不管那些最初的变化是怎样产生的，我们总不能设想这些变化使人类中所有的个体同时同样地变了质。实际上是有一些人完善化了或者变坏了，而另一些人则比较长期的停留在他们的原始状态。这就是人与人之间不平等的起源。

——《论人类不平等的起源和基础》第 63 页

假如我们把流行于文明社会各种不同等级之中的教育和生活方式上的不可思议的多样性，来和吃同样食物，过同样生活，行动完全一样的动物和野蛮人的生活的单纯一致比较一下，便会了解人与人之间在自然状态中的差别，应当是如何小于在社会状态中的差别，同时也会了解，自然的不平等在人类中是如何由于人为的不平等而加深了。

——《论人类不平等的起源和基础》第 107 页

谁第一个把一块土地圈起来并想到说：这是我的，而且找到一些头脑十分简单的人居然相信了他的话，谁就是文明社会的真正奠基者。

——《论人类不平等的起源和基础》第 111 页

总而言之，一方面是竞争和倾轧，另一方面是利害冲突，人人都时时隐藏着损人利己之心。这一切灾祸，都是私有财产的第一个后果，同时也是新产生的不平等的必然产物。

——《论人类不平等的起源和基础》第 125 页

尽管人类的幼年较长（G），但是我们的寿命也比较长，所以所有的事情都或多或少在生理这一方面是平等的。

——《论人类不平等的起源》第 6 页

我们的生活方式极度的不平等：一些人过度的闲散，另外一些人则过度的劳累；我们的食欲和感觉是容易被激起和满足的，富人们食用的过于考究的食物在提供给他们充足的热量的同时，也造成了他们的消化不良，穷人们却有时连粗劣的食物都缺乏，所以当他们有了饱食的机会就会贪婪地过度食用；那些不眠的夜晚、种种的过度、各种激情的放纵、身体的疲惫与心灵的枯竭；各阶层的人们所忍受的无数的悲伤与焦虑使得人类的灵魂没有片刻的安宁。所有这些都是不幸的证明，证明了我们绝大部分的不幸都是人们自己造成的，同时也证明了如果我们仅仅过着简朴、平淡、孤独的生活，我们几乎可以避免所有的不幸。

——《论人类不平等的起源》第 7 页

野蛮人和文明人之间的差距远远大于野生动物和家养动物之间的差距，因为大自然是平等地对待人类和野兽的，但是人们给自己提供的日用品却远远多于他们给家畜提供的，这就是人类的退化更加明显的特殊原因。

——《论人类不平等的起源》第 9 页

当自然操纵野兽运动中的每一件事情的时候，人类却以一个自由的个体的身份参加到他自己的活动中。野兽根据本能决定取舍，而人类则通过自由意志进行取舍。

——《论人类不平等的起源》第 11 页

在那些区分人与人的差别中，有一些被认为是天然的差别，但事实上这些差别却仅仅是社会中的人们所选择的不同生活方式的产物。

——《论人类不平等的起源》第 40 页

唱歌跳舞作为娱乐，本是爱情和闲暇的产物，但却成为如此聚集起来的无所事事的男女们的生活习惯。每一个人都开始注意他人，同时也希望被他人注意，由此，公众的尊重具有了价值。那些最善于唱歌的人、最善于跳舞的人、最英俊的人、最强壮的人、最灵巧的人和口才最好的人，成了最受公众尊重的人。这就是人们走向不平等的第一步，同时也是走向邪恶的第一步。从这些最初的爱好中，一方面产生了虚荣和轻蔑，另一方面产生了羞愧和羡慕。由这些新的酵母发酵出来的东西，最终对幸福和单纯生活造成了致命的不幸。

——《论人类不平等的起源》第 52 页

自然的不平等不知不觉地被并入了阶层的不平等，从而由于环境的不同发展起来的人与人之间的差别，在效果上更加明显和持久了，并且开始相应地对个体的命运产生影响。

——《论人类不平等的起源》第 60 页

如果我们从这些不同的革命中观察不平等的进展，我们将能够看到：法律和财产权的建立是第一个阶段；官职的设置是第二个阶段；合法权利转化为专制权力是第三个阶段，也是最后一个阶段。因此，富人和穷人的情形在第一个阶段被认可；强者和弱者的情形在第二个阶段被认可；主人和奴隶的情形在第三个阶段被认可。

——《论人类不平等的起源》第 80 页

人们一旦结成了社会，声望和权威的不平等就不可避免地在个体之间发生（S）。因为同一个社会中的人们在持续的相互交易中，必然将自己与他人进行比较并且关注这些差异。

——《论人类不平等的起源》第 82 页

从社会地位和财产的极端的不平等中，从多种多样的情欲和才能中，从无用或者有用的技术中，从愚蠢的科学中，都将产生出大量的偏见，这些偏见都同样地违背理性、幸福和美德。

——《论人类不平等的起源》第 84 页

贫穷与苦难并不显得低人一等；富贵与豪华也不见得高人一头。

——《一个孤独的散步者的遐想》第 153 页

一直到现在为止，我还没有讲过职业、等级和财产的区别，我在以后也不去讲这些东西的区别，因为各种身份的人都是一样的，富人的胃也并不比穷人的胃更大和更能消化食物，主人的胳臂也不见得比仆人的胳臂更长和更有劲，一个伟大的人也不一定比一个普通的人更高，自然的需要人人都是一样的，满足需要的方法人人都是相同的。

——《爱弥儿——论教育》上卷，第 247 页

人并非生来就一定能做帝王、贵族、显宦或富翁的，所有的人生来都是赤条条的一无所有的，任何人都要遭遇人生的苦难、忧虑、疾病、匮乏以及各种各样的痛苦，最后，任何人都是注定要死亡的。

——《爱弥儿——论教育》上卷，第 290 页

在有思想的人的面前，所有一切社会地位的差别都不存在：他认为小人物和大人物的欲念和感觉都是一样的，所不同的只是他们的语言，只是他们或多或少做作出来的外表；如果在他们之间果真有什么重大的差别的话，这种差别就在于装模作样的人特别虚伪。人民是表里一致的，所以不为人所喜欢；上流社会的人物必须要戴一副假面具，否则，如果他们是怎样的人就表现怎样的面目的话，那会使人十分害怕的。

——《爱弥儿——论教育》上卷，第 295—296 页

在自然的状态下，是存在着一种不可毁灭的真实的平等的，因为，单单是人和人的差别便不可能大到使一个人去依靠另一个人的程度。在人类社会中存在的权利平等是虚假的，因为用来保持这种平等的手段，其本身就是在摧毁这种平等，同时，公众的势力也有助于强者压迫弱者，从而打破了大自然在他们之间建立的平衡。

——《爱弥儿——论教育》上卷，第 312—313 页

多数人总是为少数人做牺牲，公众的利益总是为个人的利益做牺牲；正义和从属关系这些好听的字眼，往往成了实施暴力的工具和从事不法行为的武器。由此可见，口口声声说是服务他人的上层阶级，实际上是在损他人而利自己；因此，我们要按正义和公理来判断我们对他们的尊重是否适宜。

——《爱弥儿——论教育》上卷，第 313 页

如果我是富翁的话，我必然是曾经为了做富翁而采取过一切发财致富的必要的手段的；我上逗下骄，锱铢必较地只顾我个人，对所有一切的人都冷酷无情，对下层社会的人的疾苦冷眼旁观。

——《爱弥儿——论教育》下卷，第 488 页

5. 教　育

假如说真的有过质朴而纯洁的教育的话，那么我所受过的教育就是这种教育。我的三位姑姑不但是贤德典范的女人，而且她们身上的那种庄重典雅也是当时一般女人所没有的。我父亲倒是个喜欢玩乐的人，但他的情趣是旧式的，在他所爱的女人们跟前，他也从没讲过使一个处女感到害羞的话；在任何别的地方，我也没有见过像在我们家里，尤其在我面前那样，注意对孩子们应有的尊重。

——《忏悔录》第 8 页

尽管有许多的人著书立说，其目的，据说，完全是为了有益人群，然而在所有一切有益人类的事业中，首要的一件，即教育人的事业，却被人忽视了。

——《爱弥儿——论教育》上卷，原序，第 29 页

我们生来是软弱的，所以我们需要力量；我们生来是一无所有的，所以需要帮助；我们生来是愚昧的，所以需要判断的能力。我们在出生的时候所没有的东西，我们在长大的时候所需要的东西，全都要由教育赐予我们。

——《爱弥儿——论教育》上卷，第 3 页

在我们中间，谁最能容忍生活中的幸福和忧患，我认为就是受了最好教育的人。由此可以得出结论：真正的教育不在于口训而在于实行。

——《爱弥儿——论教育》上卷，第 9 页

人们只想到怎样保护他们的孩子，这是不够的。应该教他成人后怎样保护他自己，教他经受得住命运的打击，教他不要把豪华和贫困看在眼里，教他在必要的时候，在冰岛的冰天雪地里或者马耳他岛的灼热的岩石上也能够生活。

——《爱弥儿——论教育》上卷，第 10 页

既然真正的保姆是母亲，则真正的教师便是父亲。愿他们在尽责任的先后和采取怎样的做法方面配合一致；愿孩子从母亲的手里转到父亲的手里。由明理有识而心眼偏窄的父亲培养，也许比世界上最能干的教师培养还好些，因为，用热心去弥补才能，是胜过用才能去弥补热心的。

——《爱弥儿——论教育》上卷，第 21 页

一个做父亲的，当他生养了孩子的时候，还只不过是完成了他的任务的三分之一。他对人类有生育人的义务；他对社会有培养合群的人的义务；他对国家有造就公民的义务。凡是能够偿付这三重债务而不偿付的人，就是有罪的，要是他只偿付一半的话，也许他的罪还要大一些。

——《爱弥儿——论教育》上卷，第 22 页

当我们看到野蛮的教育为了不可靠的将来而牺牲现在，使孩子受各种各样的束缚，它为了替他在遥远的地方准备我认为他永远也享受不到的所谓的幸福，就先把他弄得那么可怜时，我们心里是怎样想法的呢？

——《爱弥儿——论教育》上卷，第 66 页

你知不知道用什么方法准可以使你的孩子受到折磨？这个方法就是：一贯让他要什么东西就得到什么东西；因为有种种满足他的欲望的便利条件，所以他的欲望将无止境地增加，结果，使你迟早终有一天不能不因为力量不足而表示拒绝；但是，由于他平素没有受到过你的拒绝，突然碰了这个钉子，将比得不到他所希望的东西还感到痛苦。

——《爱弥儿——论教育》上卷，第 79 页

说来也真是奇怪，自从人们承担了培养孩子的事情以来，除了拿竞争、嫉妒、猜疑、虚荣、贪婪和怯弱，拿各种各样在身体还没有长定以前就能把人的心灵完全败坏的最危险和易于刺激的欲念去教育以外，就想不出其他的手段。

——《爱弥儿——论教育》上卷，第 86 页

你要记住，在敢于担当培养一个人的任务以前，自己就必须要造就成一个人，自己就必须是一个值得推崇的模范。

——《爱弥儿——论教育》上卷，第 92 页

有了愚笨的孩子就会有平庸的大人，我想，这条法则是最普遍和准确不过的了。最困难的是要在一个孩子的童年时期看出他是真正的笨还是表面上显得笨，这种表面上的笨实际上往往是坚强性格的表征。

——《爱弥儿——论教育》上卷，第 110 页

轻率地对孩子们下断语的人，是往往会判断错误的！这种人反而比孩子们还更加幼稚。

——《爱弥儿——论教育》上卷，第 111 页

采取规规矩矩的教育方法，老师发号施令，以为这样就管住了孩子，然而实际上是孩子在管老师。

——《爱弥儿——论教育》上卷，第 132 页

要记住，要时时记住，一个人的无知并没有什么坏处，而唯有谬误才是极其有害的；要记住，人之所以走入迷途，并不是由于他的无知，而是由于他自以为知。

——《爱弥儿——论教育》上卷，第 204 页

世界上有许多的手工匠人、特别是有许多的艺术家，是根本没有他们所搞的那种艺术的天才的；他们之从事一种艺术，是幼年时候或因其他习俗的影响，或因一时的热情的冲动，然而这种一时的热情是同样可以使他们去从事其他的艺术的，要是他们当时看到有人在搞另外一种艺术的话。

——《爱弥儿——论教育》上卷，第 254 页

教育的最大的秘诀是：使身体锻炼和思想锻炼互相调剂。

——《爱弥儿——论教育》上卷，第 261 页

我的目的不是教给他各种各样的知识，而是教他怎样在需要的时候取得知识，是教他准确地估计知识的价值，是教他爱真理胜于一切。

——《爱弥儿——论教育》上卷，第 270 页

我们和自然的工作是相配合的，当它培养人的体格的时候，我们就致力于培养人的精神；不过，我们的进度是不一样的，当身体已经

长得非常健壮有力，灵魂还是十分的嫩弱，不管人的办法有多么好，体质的发育总是走在理智的前面的。

——《爱弥儿——论教育》下卷，第439页

如果你对他的日益旺盛的欲念进行直接的干涉，糊里糊涂地把他目前所感到的新的需要看作罪恶，你还要他永久听从你的话，那是不可能的。

——《爱弥儿——论教育》下卷，第443页

冷冰冰的理论，只能影响我们的见解，而不能决定我们的行动；它可以使我们相信它，但不能使我们按照它去行动，它所揭示的是我们应该怎样想而不是我们应该怎样做。

——《爱弥儿——论教育》下卷，第452页

有些人为了不让青年人掉入情欲的陷阱，就想一本正经地教育他，想使他对爱情产生厌恶，甚至想使他认为在他那个年龄一产生爱情的念头便是犯罪，好像爱情只是老年人的事一样。大家的心里都明白这种教法是错误的，是不能说服人的。

——《爱弥儿——论教育》下卷，第459页

对一个进入社会的青年来说，应该提防的不是色欲而是虚荣；因为，他将听从别人的倾向的支配而不听从自己的倾向的支配，他之所以这样放荡，是由于狂妄的心理而不是由于爱情。

——《爱弥儿——论教育》下卷，第465页

另外一个错误的做法，我曾经批判过，但心胸狭隘的人仍然是老

犯这种错误：做老师的人经常在那里假装一副师长的尊严样子，企图让学生把他看作一个十全十美的完人。这个做法的效果适得其反。……要打动别人的心，自己的行为就必须合乎人情！所有这些完人是既不能感动别人也不能说服别人的。

——《爱弥儿——论教育》下卷，第 471 页

儿童第一步走向邪恶，大抵是由于他那善良的本性被人引入歧途的缘故。

——《忏悔录》第一部，第 36 页

不论一个人怎样倾向于邪恶，一颗慈爱的心给予他的教育，是不会永远对他不起作用的。

——《论人类不平等的起源和基础》第 58 页

拥有知识反而没有蒙昧无知好。逆境当然是位出色的老师，但是，他索取昂贵的学费，而从中获取的收益得不偿失。而且，没等从这晚到的教学中学有所成，运用它们的机会转瞬即逝。青年是增长才智的，老年是应用才智的。

——《孤独散步者的遐想》第 29 页

充分认识自己是教育他人的前提。

——《孤独散步者的遐想》第 32 页

在各个方面我都看到了人们不惜巨大代价设立无数的机构来教导青年以种种事物，但只有责任心却被摒除在外了。

——《论科学与艺术》第 24 页

要知道儿童的教育对于国家要比对父亲更为重要。因为根据自然之道，父亲一死往往就得不到他们教育儿童的果实了，但是他的国家迟早会理会教育的后果。

——《论政治经济学》第 22 页

6. 道德与德行

人们有时陷入精神错乱的状态，在这种情况下，我们不能根据他们的行动断定他们的善恶。

——《忏悔录》第 20 页

理智、怜悯和爱惜体统，都会要求人们不但不能赞成我逃跑的愚蠢行为，而且还要把我送回家去，使我离开我正在走着的灭亡之路。这正是任何一个真正有德的人都会这样做的，或者试图这样做的。

——《忏悔录》第 26 页

我们要避免我们的义务与我们的利益发生冲突，避免从别人的灾难中企望自己的幸福。我确信，一个人处于这种情况的时候，不设法避免，那就不管他的心地多么善良和公正，迟早会不知不觉地衰颓下去，事实上会变成邪恶的和不公正的。

——《忏悔录》第 30 页

在我的癖好和思想的转换变化中，不是过于高尚，就是过于卑鄙；有时是阿喀琉斯，有时是忒耳西忒斯，有时成为英雄，有时变成无赖。

——《忏悔录》第 47 页

盖姆先生使我对于真正所谓德行，有了一些初步的真切的概念，我原来那点华而不实的趋向都只从德行的极致去理解德行。他使我认识到，对崇高美德的热爱，在社会上是不大用得到的。他使我体会到，激昂太过则易转低沉；持续不断、始终不懈地尽自己的本分，所需要的毅力并不亚于完成英雄事业所需要的毅力。他还使我体会到：做好小事情更能获得荣誉和幸福，经常受到人们的尊敬比让别人赞美数次要强过百倍。

——《忏悔录》第 47 页

在道德教育方面，只有一条既适合于孩子，而且对各种年龄的人来说都最为重要，那就是：绝不损害别人。甚至教人为善这一条，如果不从属于这个教训，也是虚伪的、矛盾的和有害的。

——《爱弥儿——论教育》上卷，第 107 页

最高尚的道德是消极的，同时也是最难于实践的，因为这种道德不是为了做给人家看的，而且，即使我们做得令人心满意足，也不能因此就在我们心中产生甜蜜的快乐。

——《爱弥儿——论教育》上卷，第 108 页

人啊！为人要仁慈，这是你们的头一个天职：对任何身份、任何年龄的人，只要他不异于人类，你们对他都要仁慈。除了仁慈以外，你们还能找到什么美德呢？

——《爱弥儿——论教育》上卷，第 66 页

慈善的行为比金钱更能解除别人的痛苦：你爱别人，别人就会爱

你；你帮助别人，别人就会帮助你；你待他情同手足，他对你就会亲如父子。

——《爱弥儿——论教育》第 92 页

必须通过人去研究社会，通过社会去研究人；企图把政治和道德分开来研究的人，结果是这两种东西一样也弄不明白的。

——《爱弥儿——论教育》上卷，第 312 页

我们的行为之所以合乎道德，在于我们本身具有判断的能力。……如果说道德的善同我们人的天性是一致的，则一个人只有为人善良才能达到身心两健的地步。

——《爱弥儿——论教育》下卷，第 394 页

不公正的事情只因使人能得到好处，所以人们才喜欢去做，除此以外，谁都是希望无辜的人能够获得保障的。

——《爱弥儿——论教育》下卷，第 395 页

我们之所以恨坏人，并不仅仅是因为他们损害了我们，而且是因为他们很坏。

——《爱弥儿——论教育》下卷，第 396 页

我们说悔恨的呼声在暗暗惩罚那些隐藏的罪行，将很快地揭露它们的真情。

——《爱弥儿——论教育》下卷，第 396 页

再也没有什么东西比道德更可爱的了，但是，为了要发现它的可

爱，就必须照它去实践。当我们想拥抱它的时候，它开始就会像神话中的变幻无定的海神，幻化出于百种可怕的形象，只有紧紧拥抱着它不放的人，才能最后看出它本来的样子。

——《爱弥儿——论教育》下卷，第401—402页

有些人想单单拿理智来建立道德，这是不可能的，因为这样做，哪里有坚实的基础呢？

——《爱弥儿——论教育》下卷，第402页

哪里有情感和智慧，哪里就有某种道德的秩序。不同的是：好人是先众人而后自己，而坏人则是先自己而后众人。

——《爱弥儿——论教育》下卷，第402页

真正的礼貌表现在对人的善意：怀着善意的人，是不难于表达他对人的礼貌的；只有那些不怀善意的人才要在外表上强作礼貌的样子。

——《爱弥儿——论教育》下卷，第477页

习俗的礼貌的最大的坏处是，它告诉人们一个不实际按照它奉为圭臬的道德去做的方法。

——《爱弥儿——论教育》下卷，第447页

一个人的邪欲如果在他狭隘的心中窒息了这种优美的情感，一个人如果由于只想到自己，因而只爱他本人的话，他就再也感觉不到什么叫快乐了，他冰冷的心再也不会被高兴的事情打动了，他的眼睛再也不会流出热情的眼泪了。他对任何东西都不喜欢了；这可怜的人既

没有什么感觉，也没有什么生气，他已经是死了。

——《爱弥儿——论教育》下卷，第 395 页

  看一看世界上的各民族，并浏览古今的历史：在许多不合乎人情的怪诞的礼拜形式中，在千差万别的风俗和习惯中，你到处都可以发现相同的公正和诚实的观念，到处都可以发现相同的道德原则，到处都可以发现相同的善恶观。

——《爱弥儿——论教育》下卷，第 397 页

  利己之心使我们受到迷惑，只有正义的希望才不会使我们误入歧途。

——《爱弥儿——论教育》下卷，第 438 页

  因此我们可以肯定地说，怜悯心是一种自然的情感，由于它调节着每一个人自爱心的活动，所以对于人类全体的相互保存起着协助作用。正是这种情感，使我们不假思索地去援救我们所见到的受苦的人。正是这种情感，在自然状态中代替着法律、风俗和道德，而且这种情感还有一个优点，就是没有一个人企图抗拒它那温柔的声音。……正是这种情感不以"你要人怎样待你，你就怎样待人"这句富有理性正义的崇高格言，而以另一句合乎善良天性的格言："你为自己谋利益，要尽可能地少损害别人"来启示所有的人。

——《论人类不平等的起源和基础》第 102—103 页

  谁要依靠别人来保全自己的生命，在必要时就应当也为别人献出自己的生命。

——《社会契约论》第 46 页

卢/梭/箴/言/录 145

他们那种既无前因又无后果的道德，虽被他们在书中或某个引起轰动的戏剧情节中堂而皇之地大事渲染，里面却没有任何能够渗入心灵与理智的东西。或者我应该接受另一种秘而不宣的无情的道德观吗？……这种道德观纯属进攻性的，根本不是用来自卫的，除了用来侵犯别人外别无他途。

——《孤独散步者的遐想》第 44 页

　　忍耐、温馨、安分、廉洁、正直，是一笔可以随身带走的无价的财富。我们不必担心它会因为死亡而失去价值，相反，我们可以不断以此丰富自己。

——《孤独散步者的遐想》第 44 页

　　道德本能在我心中圣洁如初，它从未欺骗过我，我对它信赖无疑。在我偶尔因欲念而轻举妄动时，虽然道德的本能曾沉默，但当我回想起来时，它又重新支配了我的行动。于是，我就像最高审判官一样对自己的今生进行严厉的审判。

——《孤独散步者的遐想》第 53 页

　　我所做的诚实，基于正直和公道的情感多，而基于事实本身的少；在实践中，更多的是遵循我良心的道德标准，而不是抽象的是与非的概念。我认为，唯有这样，真实才是一种美德。否则，它只能是一种玄之又玄的东西，既不能得出善，也不能得出恶来。

——《孤独散步者的遐想》第 65 页

　　因为怯懦的人最多能不去犯罪，而敢于伸张美德的人，就需要自负和大胆。

——《一个孤独的散步者的遐想》第 66 页

　　依自身的天性行善或给自己做善事的乐趣并不算是美德，恰恰相反的是，美德是当义务要求时，能抑制自己的天性。做义务要求自己要做的事，这正是我不如上流社会的人所善于做的事情。

——《孤独散步者的遐想》第 86 页

　　尽义务的乐趣，是高尚的习惯所产生的乐趣。这种境界是在我们本性所产生的乐趣中不会有的。

——《孤独散步者的遐想》第 88 页

　　我觉得使别人不愉快比自己受责罚更难受，而看到别人一个不愉快的脸色比自己受到体罚还要难堪。

——《忏悔录》第一部，第 14 页

　　最难出口的倒不是罪恶的事，而是又可笑又可耻的事。

——《忏悔录》第一部，第 18 页

　　人类所有进步都是与他的原始状态相背离的。我们获得的知识愈多，就越会失去获得有关"人"的重要知识的途径。因此在某种意义上说，我们研究人类的过程反而使得我们自己更加不可能了解他了。

——《论人类不平等的起源》第 2 页

　　所有的动物对人都不相信，这是对的，但当它们一旦确信人们无意伤害它们的时候，它们的信任会变得那样大，只有比野蛮人还要野蛮的人才能滥用这种信任。

——《忏悔录》第一部，第298页

为义务和道德而牺牲固然是痛苦的，但是这种牺牲在内心深处留下了温馨的回忆，作为补偿是绰绰有余的。

——《忏悔录》第二部，第350页

做一个自由的有道德的人，无视财富与物质而傲然自得，才是最伟大、最美好的。

——《忏悔录》第二部，第439页

出卖朋友的信任，违背最神圣的许诺，把我们胸中的秘密公开出去，恣意败坏一个受过我们欺骗而在离开我们的时候依然尊重我们的朋友的名誉，这一切就不是过失，而是灵魂的卑污和丑恶了。

——《忏悔录》第二部，第443页

一个人除非不值得别人的任何尊敬，才肯失掉如此宝贵的尊敬；我们的强烈的感情是可能使我们犯罪的，但也正因为它是强烈的，才防止了我们去犯罪。

——《忏悔录》第二部，第593页

正义和善是分不开的，换句话说，善是一切无穷无尽的力量和一切有感觉的存在不可或缺的自爱之心的必然结果。

——《爱弥儿——论教育》下卷，第386页

我们所谓的"善"，就是由于爱秩序而创造秩序的行为，我们所谓

的"正义",就是由于爱秩序而保存秩序的行为。

——《爱弥儿——论教育》下卷,第 387 页

知道善,并不等于爱善;人并不是生来就知道善的,但是,一旦他的理智使他认识到了善,他的良心就会使他爱善;我们的这种情感是得自天赋的。

——《爱弥儿——论教育》下卷,第 399 页

善良的行为有一种好处,就是使人的灵魂变得高尚了,并且使它可以做出更美好的行为。

——《忏悔录》第一部,第 324 页

为善之乐就是对善举的奖励,一个人要配得上这个奖励,才能获得这个奖励。

——《爱弥儿——论教育》下卷,第 401 页

我有理由认为,一切天性的爱好,包括行善本身,最初它们还是有益的,一旦轻率地、不加选择地被搬到或应用于社会中,就肯定会改变性质,往往变得有害了。

——《一个孤独的散步者的遐想》第 89 页

忠诚之于善人要比博学之于学者可贵得多。

——《论科学与艺术》第 1 页

有些过分的行为是被禁止了,有些罪恶是被认为不体面的,但是另外却也有一些罪恶是以德行的名义装饰起来的;而且我们还必须具

有它们或采用它们。

——《论科学与艺术》第 6 页

德行啊！你是纯朴的灵魂的崇高科学，难道非要那么多的痛苦与功夫才能认识你吗？你的原则不是铭刻在每个人的心里吗？为了认识你的法则，只要返求自我，并且在感情宁静的时候谛听自己良知的声音不就够了吗？这就是真正的哲学，让我们学会安心于此吧！让我们不必嫉妒那些在文坛上名垂不朽的名人的光荣；让我们努力在他们和我们之间画出那条人们以往在两大民族之间才可以看到的那种光荣的界限吧；让他们知道怎样好好地说，让我们知道怎样好好地去做吧。

——《论科学与艺术》第 30 页

越是美德占统治地位的地方，越不需要才能。

——《论政治经济学》第 15 页

当集中在我们心中的自我已经感染上了那种吞吸种种美德并组成小人物的身心的可鄙的活动时，再要使我们离开我们自己，那也太晚了。

——《论政治经济学》第 22 页

美德本身在一个没有做出高尚行为的人的嘴里也会失去它的光彩。

——《论政治经济学》第 23 页

7. 处 世

由于看不到自己周围有什么值得留恋的东西，我就只好寄情于玄思遐想了。

——《忏悔录》第 20 页

我的想象力是非常丰富的，它足可以用那些绚丽的幻想来美化任何生活；我的想象力是十分强烈的，它足可以让我随心所欲地从这一幻想飞驰到另一幻想；至于我自己实际上究竟处在怎样的地位，我是不大在乎的。不论叫我干什么，我都能轻而易举地飞上我所臆造的海市蜃楼。

——《忏悔录》第 21 页

奉承，或者更确切地说，迁就别人的意见，不见得总是恶习，尤其对于年轻人，它往往是一种美德。人家盛情招待我们，自然要对人家表示点情谊！对他退让并不是为了欺骗他，只是为了不使他扫兴，不以怨报德而已。

——《忏悔录》第 26 页

如果不是由于我深知自己在交际场中出现不仅会使自己处于不利地位，而且不能保持自己的本色，我也是会和别人一样喜欢交际的。我决定从事写作和隐退，这对我来说，是最合适的了。我若出现在人们面前，谁也看不出我有多大才干，甚至猜也猜不到。

——《忏悔录》第 56 页

我只考虑眼前,眼前的事情充满了我这颗心的容量与空隙,除了可以成为我今后唯一享受的那些过去的欢乐以外,我心里没有一点空隙来容纳已经成为过去的事情。

——《忏悔录》第 62 页

我对生活是多么不了解啊!如果我不这么愚蠢而懂得怎样行乐,我的生活将会快活百倍的。

——《忏悔录》第 63 页

如果我也像别人那样,有在旅店中赊欠和负债的本领,我也能毫不费力地摆脱窘境;但是这种事,我既做不来也不愿意做。要想知道这种情况达到什么程度,只要说明这样一件事就够了:我虽然差不多过了一辈子穷日子,甚至时常吃不上饭,但我没有一次不是只要债主向我要账,我立刻就还他的。我从来没欠过受到催索的债,我宁肯自己受点罪也不愿欠人家钱。

——《忏悔录》第 77 页

我迫切需要有人能教我怎样为人处世。

——《忏悔录》第一部,第 217 页

激昂太过则易转低沉;持续不断、始终不懈地尽自己的本分,所需要的毅力并不亚于完成英雄事业所需要的毅力。

——《忏悔录》第一部,第 109 页

做好小事情更能获得荣誉和幸福,经常受到人们的尊敬比让别人赞美数次要强过百倍。

——《忏悔录》第一部，第 109 页

假使每个人都能洞悉别人心里所想的，那么他就会发现，愿意退后的人一定会多于想往上爬的人。

——《忏悔录》第一部，第 109 页

没有比我这个人更不愿意打听朋友的秘密了。

——《忏悔录》第一部，第 160 页

我的外表是朴素的，不修边幅，但也并不腌臜，胡子本身也并不脏，因为它是大自然赋予我们的，而且按照时代和风尚，胡子有时还是一种装饰呢。人们会认为我可笑无礼！嗨！那又有什么关系？我应该学会经得起笑骂，只要这笑骂不是我应该受到的。

——《忏悔录》第二部，第 466 页

为了能够和敢于说出伟大的真理，就绝不能屈从于对成功的追求。

——《忏悔录》第二部，第 498 页

我觉得，对阻止不了的事予以宽容，从而拿这种宽容作为自己的一种功绩，倒是一个很简单却又很巧妙的政治手腕。

——《忏悔录》第二部，第 502 页

既然应该公正待人，也就应该真实待己。每一个正直的人都应该维护自己的尊严。

——《一个孤独的散步者的遐想》第 69 页

习惯了依存、安宁和安逸的生活的人们，已经不能打破身上的锁链，他们为了确保自己的安宁，甘愿被人加重奴役。

——《论人类不平等的起源》第 79 页

于是我就采取了我今天唯一可行的办法，那就是服从命运的安排，不再和必然作无谓的抗争。我听天由命，所受的苦难反而得到了补偿。那是因为，顺应天命给我带来了平静，这种平静与那费力不讨好的抗争所带来的无休止的骚动原本是连不到一块的。

——《孤独散步者的遐想》第 5 页

肉体的折磨非但没有增添我的苦恼，反倒使我借此折磨得以排遣苦恼。如果肉体的痛苦使我喊叫起来，或许因而不会发出苦闷的呻吟。我肉体的剧痛或许还会使我心灵的痛苦暂停。

——《孤独散步者的遐想》第 5 页

我活在地球上，恍如活在一个陌生的星球上，我可能是从我原来居住的星球上坠落于此的。

——《孤独散步者的遐想》第 9 页

我来到世上走了一遭，可我究竟干了些什么呢？我生来就是为了生活的，我还不曾生活过就将死去。至少这不是我的过错。创造我的生命的上苍啊，我虽因世人不许而未能对你作出善举，但我至少可以把我那被愚弄的良好愿望、那健康但未得好果的情感以及在那班人的蔑视中经受了考验的耐心作为贡品奉献给你。

——《孤独散步者的遐想》第 17 页

凡事都表现出真实和坦率，在上流社会这就是骇人听闻的罪愆。

——《孤独散步者的遐想》第 23 页

如果我只犯有一桩罪行，就是不像我的同时代人那样虚伪和不讲信义，那么，在他们眼里，我就是恶毒和面目狰狞的。

——《孤独散步者的遐想》第 23 页

我们刚刚在这个世上降生。就进入了竞技场，直到死去才能从中走出来。

——《孤独散步者的遐想》第 30 页

我们的信念很大程度上决定了我们所要做的事情。除去那些与我们本能的最基本的需要有关的事实外，我们的信念就是我们的行为标准。

——《孤独散步者的遐想》第 32 页

与其过于宽容自己，不如过于严厉地责备自己。

——《孤独散步者的遐想》第 61 页

既然要公道待人，那么就要真实对己。这是每一个公正的人对自己尊严的维护。

——《孤独散步者的遐想》第 65 页

见解对任何年龄的人都是可行的：从敌人那里学会圣明、真诚、谦虚、恭谨和不自负，这总是不会太迟的。

——《孤独散步者的遐想》第 66 页

对那些急需获得帮助的人，我们要毫不犹豫地去帮助他。

——《孤独散步者的遐想》第 150 页

日常的生活和交际中，理应本着自然的善心和礼貌去为人处世，千万不能让任何带有铜臭的东西把原本纯洁的源泉污染和破坏掉。

——《孤独散步者的遐想》第 150 页

一个人，第一次拒绝给予别人有求于他的帮助，被拒绝的人是没有任何权利去告他的，而在同样情况下，他拒绝曾给过他好处的人以同样的好处，那就意味着他使那个人失望了，因为他使别人对他产生的期待落空了。人们会感到这种拒绝中有某种说不出的不公道、比那种拒绝本人更加冷酷的东西。

——《一个孤独的散步者的遐想》第 92 页

所以不论人们愿意以何种方式看待我，都不能改变我的存在。纵然他们有权有势，纵然他们玩尽诡计阴谋，但是不管他们甘心与否，我将依然故我。

——《一个孤独的散步者的遐想》第 131 页

我曾多少次从公共散步场所和熙来攘往的闹市区招摇过市，唯一的用意不言而喻就是为了故意使自己在别人眼里看来似乎人家的恶毒诽谤没奈何我，我还是我。

——《一个孤独的散步者的遐想》第 134 页

8. 财产与金钱

金钱这个字眼是奴隶的字眼。

——《社会契约论》第 124 页

正是由于商业与工艺的扰攘、由于唯利是图、由于柔弱而贪图享受，人身的服务才被转化为金钱。人们拿出来自己的一部分收益，为的是可以更安逸地增加自己的收益。出钱吧，不久你就会得到枷锁的。

——《社会契约论》第 124 页

给诚恳的事情掺进一种有损高尚、玷污无私的金钱的价值，这简直违背我自己的原则。对于需要金钱的人，必须赶紧去援助他们；但在日常的交往中，我们还是让纯洁的善意和礼貌自行其是吧。

——《一个孤独的散步者的遐想》第 158—159 页

我的任何一种占有支配地位的欲念，都是不能用金钱收买的东西。我所追求的是纯洁的玩乐，而金钱会把一切玩乐都玷污。

——《忏悔录》第 18 页

我不但从来不像世人那样看重金钱，甚至也从来不曾把金钱看作多么方便的东西；金钱本身是毫无用处的，要享受它，必须把它变成别的东西：必须购买，必须讨价还价，必须时常受骗；虽掷千余，难遂所愿。

——《忏悔录》第 19 页

对于我，金钱并不是多么可人意的东西；当我没有它的时候，我决不想它；当我有它的时候，由于我不知道怎样使用才合我的心意，只好把它长期存放起来；但是，只要遇到适意的良机，我便顺手花掉，连钱包空了都不知道。不过，不要从我身上寻找守财奴的怪癖——为了摆阔而大手大脚地花钱；恰恰相反，我总是偷偷地花钱，其目的完全是为了自己的快乐；我决不以挥金如土来炫耀自己，而是尽量隐蔽。我深深觉得，金钱不是由我这样的人使用的东西；只要手头有几文，我都感到可耻，更不用说去使用它了。万一我有一笔足能让我过惬意生活的收入，老实说，我决不会当一个守财奴。我一定把这笔款子统统花光，并不用它生利吃息。可是，我的不安定处境使我害怕。我热爱自由，我憎恶窘迫、苦恼和依附别人。只要我口袋里有钱，我便可以保持我的独立，不必再费心思去另外找钱。穷困逼我到处去找钱，是我生平最感头痛的一件事。我害怕囊空如洗，所以我吝惜金钱。我们手里的金钱是保持自由的一种工具；我们所追求的金钱，则是使自己当奴隶的一种工具。正因为这样，我才牢牢掌握自己占有的金钱，不贪求没有到手的金钱。

——《忏悔录》第 19 页

　　我不但从来不像世人那样看重金钱，甚至也从来不曾把金钱看作多么方便的东西；金钱本身是毫无用处的，要享受它，必须把它变成别的东西；必须购买，必须讨价还价，必须时常受骗；虽掷千金，难遂所愿。

——《忏悔录》第一部，第 41 页

　　金钱金钱，烦恼根源！我怕金钱，甚于我爱美酒。

——《忏悔录》第一部，第 41 页

我们手里的金钱是保持自由的一种工具；我们所追求的金钱，则是使自己当奴隶的一种工具。正因为这样，我才牢牢掌握自己占有的金钱，不贪求没有到手的金钱。

——《忏悔录》第一部，第 43 页

我觉得，有钱的乐趣抵偿不了求财的痛苦。

——《忏悔录》第一部，第 43 页

财产权仅仅是约定的和人为创造的制度，所以每一个人都有权随意处置他的财产。

——《论人类不平等的起源》第 74 页

财产是建立在有用的基础上，既然不存在任何实用的价值，也就不存在财产一说。占有一块即使是非常贫瘠的土地，至少可以在那里居住；但是，对于任何人都毫不相干、毫无益处的事情，无论真假与否，谁都不会感兴趣。在精神方面没有用的东西，在物质方面也一样。任何没有用的东西都不是一定要具备的。而必须要有或可能要有的东西，则都是有用的东西。因此，真理与正义存在着必然的关联。

——《孤独散步者的遐想》第 51 页

9. 真理与谎言

我认为我所以那么憎恨撒谎，大部分是因为我痛悔我曾经制造过这样恶劣的谎言。我大胆地说，如果这件罪行可以弥补的话，那么，我在晚年所受的那么多的不幸和我四十年来在最困难的情况下始终保持着的诚实和正直,就是对它的弥补。

——《忏悔录》第 43 页

我厌恶虚伪,从不容心里有它的一席之地,我宁可面临痛苦折磨,而不愿以撒谎来回避。

——《一个孤独的散步者的遐想》第 49 页

凡是与真理相违背,无论以何种方式都有损于正义的事情,都是撒谎,这就是准确的分界线。

——《一个孤独的散步者的遐想》第 57 页

被人称作好意的撒谎倒是真正的撒谎,因为,为了有利于己或人而进行欺骗,与为了有损于己而进行欺骗,都是不公正的。无论谁违反事实地进行赞扬或诋毁,一涉及某个真实的人,他就是撒谎。

——《一个孤独的散步者的遐想》第 57 页

不说真话和说假话,是很不相同的两码事,然而,却可以因此而产生一种同样的作用。因为每当这种作用不存在,那么结果当然都是一样。无论在哪里,只要真理是无关紧要的,那么,与此相反的谬误也就同样是无关紧要的。由此可以得出这样的结论:在相同情况下,说与真相不符的话去欺骗人的人,其不公正程度并不见得比不说真相去欺骗人的人更甚。

——《一个孤独的散步者的遐想》第 52 页

只有为了欺骗的企图而去讲假话,才算撒谎。

——《一个孤独的散步者的遐想》第 54 页

为自身利益撒谎,那是冒骗;为他人利益撒谎,那是诈骗;为了陷害而撒谎,那是造谣中伤;诸如此类都是最坏的撒谎;而对自身和他人都无害亦无利的撒谎,都不算撒谎。那只是虚构而不是撒谎。

——《一个孤独的散步者的遐想》第 55 页

我记得在哪本哲学书中读到过:撒谎就是把应该披露的真情掩盖起来。从这个定义中所以推出这样的结论,对一个无须讲出的真情闭口不谈,这不是撒谎;但是在同样情况下,一个人不光是没有道出真相,而且还讲了假的,那他算不算撒谎呢?按照这个定义,我们不能说他撒谎,因为,他给了一个他分文不欠的人一块伪币,他骗了这个人无疑,但他并没有占他的便宜。

——《一个孤独的散步者的遐想》第 50 页

一个撒谎者,尽管他没有使谁相信,但他信誓旦旦的时候,同样是在撒谎。

——《一个孤独的散步者的遐想》第 56 页

说有利于己的假话与说有损于人的假话,同样都是撒谎,虽然前者罪过没那么大。

——《一个孤独的散步者的遐想》第 57 页

由于我广泛地排斥撒谎,就没有去细细权衡利与害和在有害的撒谎与好心的撒谎之间划出明确界限了;我把这两种撒谎都看作是有罪的,所以我就一概杜绝了。

——《一个孤独的散步者的遐想》第 60 页

谎言有两种：一种是就过去所做的事情撒谎，一种是就将来承担的义务撒谎。第一种撒谎的情况是：否认他所做过的事情，或者硬说他做过他没有做过的事情，总而言之，就是他明明知道事情的真相不是那样，却偏偏说成是那样。第二种撒谎的情况是：许出一些他并不打算加以遵守的诺言，总而言之，就是表示一种同他本来的意图相反的意图。有时候这两种谎是合在一起撒的。

——《爱弥儿——论教育》上卷，第102页

一个人如果意识到自己需要别人的帮助，同时又常常领受别人的恩惠，他就绝不会起骗人的念头；反之，他还一心要别人明了事情的真相，以免错误地损害了他。

——《爱弥儿——论教育》上卷，第102页

凡是那些说自己是迫不得已才去犯罪的人，不仅是作了恶，而且又撒了谎。

——《爱弥儿——论教育》下卷，第404页

最诚实的人所做的，充其量不过是他们所说的话还是真的，但是他们保留不说的部分就是在说谎。

——《忏悔录》第二部，第815页

使我吃惊的是，当我对自己进行剖析时，有很多事情都是我自己瞎编出来的。当我把谎言当真的时候，正是我以热爱真理而骄傲，能为真理牺牲自己安危、利益和生命的时期。

——《孤独散步者的遐想》第48页

我曾经读过一本哲学书，里面说道：把应该表露、公开的真相掩饰起来就是说谎。按照这个定义可以推出这样的结论：对没有必要表露的真情保持缄默，就不是说谎；然而，在同样的情况下，不仅不公开真相，反而说了假的，那么这也不算撒谎。

——《孤独散步者的遐想》第49页

一切财富中最宝贵的是普遍的、抽象的真理。没有它，人就变成了睁眼瞎。它是理性的眼睛。人们通过它学会规规矩矩做人，学会做应该做的事，学会向自己的真正目标奔去。特殊的、个别的真理却不总是财富，有时甚至是一种祸害。而大多数则是一种无关宏旨的东西。

——《孤独散步者的遐想》第50页

真理与正义存在着必然的关联。然而，在那些对任何人都无关紧要、认识它毫无意义的虚假的事实上用真理这个神圣的名词，简直是对它的一种轻慢。假如，真理毫无用处，那就不是一件必须具有的东西。可见，对真相保持缄默或者隐瞒，就根本算不上是撒谎。

——《孤独散步者的遐想》第51页

不管如何，要永远真实。正义存在于事情的真实中，说谎是不公道的，错误也总是骗人的，因为给予你行为和信仰的指引是并不存在的东西。无论从真理中产生什么结果，只要你讲了真话，就无可指责，因为你并没有在里面添枝加叶。

——《孤独散步者的遐想》第53页

为了自己的私利说谎，是诈骗；为了他人的利益说谎，是蒙骗；

怀有害人之心的说谎是恶意中伤，不过这是最坏的撒谎。而对他人无利无害，对自己无利无害的说谎就不是说谎，那是虚构。

——《孤独散步者的遐想》第 54 页

带着宣传教义的目的而来的虚构，叫寓言或神话。它们的目的只是或只能是：把有益的真理寓于让人极易感动、赏心悦目的形式中。在这种情况下，包含着真理的谎言，人们几乎不用费心思去掩饰。因为无论如何，为了寓言而讲寓言的人并没有说谎。

——《孤独散步者的遐想》第 54 页

一个撒谎者信誓旦旦的时候，尽管没有能使谁相信，也同样是在撒谎。

——《孤独散步者的遐想》第 55 页

我承认，如果谁把单纯的虚构看成谎言而自责，那他一定具有比我更强烈、更敏感的良知。

——《孤独散步者的遐想》第 56 页

真正的谎言里还包括了那些出于善意的谎言。因为，无论是利于己或人，还是损于己而进行的欺骗，都是不公正的。

——《孤独散步者的遐想》第 56 页

在我编这些故事的时候，我尽可能地避免它们有害于正义和真理，而使它成为对他人和自己都没有利害的虚构。我的意思是：用伦理道德上的真实来代替真实的真实，亦即在其中完美地表现人类心灵的自然情感，并从中汲取有益的教训。总之，就是使它成为道德故事。然而，这就有更英明的远见和更好的口才，才能使谈话中的闲言絮语化为有益的教导。

——《孤独散步者的遐想》第 59 页

我对善的方面的描述会比在恶方面更为小心，甚至只字不提。

——《孤独散步者的遐想》第 62 页

宽宏大度的谎言，难道这不是高尚可爱的真话？

——《孤独散步者的遐想》第 62 页

羞于言辞而编造无益的虚构，为取悦他人而失敬于人。我不应该为了写作的乐趣，用华丽的虚构的词藻点缀真实的事情。因为以谎言来装饰真理，实际就等于歪曲了真理。

——《孤独散步者的遐想》第 65 页

对于任何信奉真理的人来说，在他的嘴里和笔端绝不能容任何虚构和无稽之谈。在任何场合都要有说出真相的胆量和勇气。

——《孤独散步者的遐想》第 65 页

四、思　想

即使哲学家们有发现真理的能力，但他们当中哪一个人对真理又感到过兴趣呢？每一个人都知道他那一套说法并不比别人的说法更有依据，但是每一个人都硬说他的说法是对的，因为那是他自己的。

——《爱弥儿——论教育》下卷，第 365 页

1．哲学基本问题

我存在着，我有感官，我通过我的感官而有所感受。这就是打动我的心弦使我不能不接受的第一个真理。

——《爱弥儿——论教育》下卷，第 367 页

我对我的存在是不是有一个特有的感觉，或者说，我是不是只通过我的感觉就能感到我的存在？这就是我直到现在还无法解决的第一个怀疑。因为，由于我或者是直接地或者是通过记忆而继续不断地受到感觉的影响，我怎么就能知道"我"的感觉是不是独立于这些感觉之外的，是不是不受它们的影响呢？

——《爱弥儿——论教育》下卷，第 367 页

不仅存在着我，而且还存在着其他的实体，即我的感觉的对象；即使这些对象不过是一些观念，这些观念也并不就是"我"。

——《爱弥儿——论教育》下卷，第 367 页

依我看来，能动的聪慧的生物的辨别能力是能够使"存在"这个词具有一种意义的。

——《爱弥儿——论教育》下卷，第 368 页

我把我所感觉到的在我身外对我感官发生作用的东西都称为"物质"；在我看来，物质的一切分子都将结合成单个单个的实体，所以我把物质的分子称为"物体"。这样一来，我认为唯心论者和唯物论者之间的一切争论都是没有什么意义的，他们所说的物体的表象和实际之间的区别完全是想象的。

——《爱弥儿——论教育》下卷，第 367 页

生活放荡的人们沉溺于种种可能招致疾病与死亡的过度的享乐中而不能自拔，这是因为意志破坏了感官：当自然的需要已经得到满足的时候，意志还在不断地提出要求。

——《论人类不平等的起源》第 12 页

2. 认识论

知觉，就是感觉，比较，就是判断；判断和感觉不是一回事情。

——《爱弥儿——论教育》下卷，第 367 页

我不只是一个消极被动的有感觉的生物；而是一个主动的有智慧的生物，不管哲学家们对这一点怎样说，我都要以我能够思想而感到荣耀。我只知道真理是存在于事物中而不存在于我对事物进行判断的思想中，我只知道在我对事物所作的判断中，"我"的成分愈少，则我愈是接近真理。因此，我之所以采取多凭感觉而少凭理智这个准则，正是因为理智本身告诉我这个准则是正确的。

——《爱弥儿——论教育》下卷，第370页

我们的感觉力无可争辩地是先于我们的智力而发展的，我们先有感觉，而后有观念。

——《爱弥儿——论教育》下卷，第399页

人类所有的进步都是与他的原始状态相背离的。我们获得的知识愈多，就越会失去获得有关"人"的重要知识的途径。因此在某种意义上说，我们研究人类的过程反而使得我们自己更加不可能了解他了。

——《论人类不平等的起源》第2页

所有的动物不过是一部制造精良的机器，大自然为了使它可以自己运转起来并且在一定程度上防御一切足以摧毁或者影响它的东西，赋予了它一些感官。

——《论人类不平等的起源》第11页

人类这种出众的、几乎无限的能力正是人类不幸的根源。正是这种能力，通过时间的作用，使人类脱离了他曾经享受的安宁而单纯的原始状态；正是这种能力，在各个时代中，使人们显示出他的智慧与错误、

他的邪恶与高尚，从而最终使得人们成为统领自己和自然的暴君。

——《论人类不平等的起源》第 13 页

　　如果人们确实为了学习思考而需要语言的话，那么他们为了发现语言的艺术就更需要先知道如何思考。

——《论人类不平等的起源》第 21 页

　　在有必要去对群居的人们表达劝导的言辞之前，人类的最初的语言应当是最为普遍、最充满力量，并且是人们唯一需要的语言，它应该是出于本能的呼喊。

——《论人类不平等的起源》第 21 页

　　人们最初使用的词语在他们的脑海里的含义比已经形成的语言中的词语的含义更加宽泛。

——《论人类不平等的起源》第 23 页

　　形容词起初仅仅是许多的专属名词，动词仅仅具有现代时一种时态。形容词由于是描述特定的名词，必然发展得十分困难，因为每一个形容词都是一个抽象的词语，而抽象地思考本身是痛苦和不很自然发生的。

——《论人类不平等的起源》第 23 页

　　概括的观念只有借助于词语才能够输入人们的心灵；而深刻领会概括的观念则需要通过语句。……纯粹的抽象实体也是通过同样的方法被人们所认识的，或者只有通过词句才能够想象得到。

——《论人类不平等的起源》第 24 页

我们有必要陈述这样一个命题，如果想要得到概括的观念，就必须通过语言。因为一旦想象的脚步停止，我们的头脑就只能依赖于语言的帮助去继续思考。因此，如果最初的语言发明者只能给予他们已经拥有的观念一些名称的话，则早期的名词必定是专有名词。

——《论人类不平等的起源》第 25 页

所谓的爱心，甚至友谊，如果我们正确地理解，就会发现它们仅仅是对于特定事物的恒久的怜悯心的产物。

——《论人类不平等的起源》第 33 页

生命没有了内心活动就不过是麻木的东西。如果它运动过于激烈或不平衡，那它就会惊醒我们。当它让我们注意到四周的事物，那它将使我们又重新陷入了人类的束缚中，从而破坏了遐想的魅力。过于寂静又会使人悲哀，并出现死亡的阴影。

——《孤独散步者的遐想》第 78 页

3. 物质运动

我发现物体有两种运动，即：因他物的影响而发生的运动和自发的或随意的运动。在第一种运动中，动因是存在于运动的物体之外的，而在第二种运动中，动因是存在于运动的物体之内的。

——《爱弥儿——论教育》下卷，第 371 页

如果在人的活动中有任何自发性，如果世界上发生的事情也通通

没有自发性，那么，我们就更难想象出它们的种种运动的第一个原因。我个人的看法是这样的：物质的自然状态是静止的，它本身是没有任何活动力的，当我看见一个运动着的物体的时候，我马上就会想它要么是一个有生命的物体，要么它是因为其他物体的影响才运动的。我心里是根本不承认无机物可以自行运动或使他物运动的。

——《爱弥儿——论教育》下卷，第371页

经验和研究使我们认识到运动的法则；这些法则能确定结果，然而不能表明其原因；它们不足以解释世界上的森罗万象和宇宙的运行。

——《爱弥儿——论教育》下卷，第372页

运动的第一原因不存在于物质内部，物质接受运动和传送运动，然而它不产生运动。

——《爱弥儿——论教育》下卷，第372页

所有一切不是因为另外一个运动而产生的运动，是只能来自一个自发的、自由的动作的；没有生命的物体虽在运动，但不是在活动，没有哪一个真正的活动是没有意志的。这就是我的第一个原理。我相信，有一个意志在使宇宙运动，使自然具有生命。这是我的第一个定理或者说我的第一个信条。

——《爱弥儿——论教育》下卷，第373页

我是通过意志的活动而不是通过意志的性质去认识意志的。我把这种意志看作动因；但是，要是把物质想象为运动的产生者的话，那就等于是想象没有原因的结果，就等于是没有想象。

——《爱弥儿——论教育》下卷，第373页

这个宇宙是运动着的，而且在它井然有序、快慢均匀的运动中是受固定不变的法则的约束的，它没有我们在人和动物的自发的运动中所见到的那种自由。所以，这个世界并不是一个能自行运动的巨大的动物，由此可见，在它的运动中必然有我尚未发现的某种外在的原因，然而因心的信念使我觉得这个原因是这样的明显，以至我不能不在看到太阳运行的时候设想有一种力量在推它，不能不在地球旋转的时候，我简直觉得看见了那只转动它的手。

——《爱弥儿——论教育》下卷，第 372 页

事物的发展越是缓慢，它们就被描述得越简洁。

——《论人类不平等的起源》第 50 页

语言的运用极有可能是在岛屿上的居民尝试了最初的航海之后带给我们的，或者至少在大陆上产生社会和语言之前就已经在岛屿上产生并且发展到完善的地步。

——《论人类不平等的起源》第 52 页

世间万物都在不断地变化之中，没有一样东西可以以一种固定、永恒的形式存在着。因此，我们那些与外界息息相关的情感，一定会随着它们的变迁而一起变化。总在我们之前或之后，追忆那些不可再得到的过去，预想那些不可能到来的未来。

——《孤独散步者的遐想》第 76 页

4. 宗　教

为了叫人们日后能保持宗教信仰，就决不要对孩子们谈宗教，孩子们是不会像我们那样去认识上帝的。

——《忏悔录》第 33 页

我想谁都知道，一个儿童，甚至一个成年人，其有所信仰，无非是生在哪个宗教里就信仰哪个宗教，这是显然的。这种信仰有时会减弱，但很少有所增强；信仰教义是教育的结果。除了这种一般的道理使我热衷于我先辈的宗教之外，我对天主教深感厌恶，这种厌恶的心情是我的故乡城市的人们所特有的。

——《忏悔录》第 33 页

虽然我还年轻，我已感觉到不管哪个宗教是真正的宗教，我也要出卖自己的宗教了。即使我的选择是正确的，我也会在心灵的深处欺骗圣灵，并因而受到人们的鄙视。

——《忏悔录》第 33 页

勇气只有我们犯错误的时候才是可贵的，假使我们始终谨慎从事，我们就很少需要勇气了。但是，种种容易克服的倾向对我们具有无可抗拒的吸引力，只是我们轻视诱惑的危险，才会向轻微的诱惑屈服。我们都是不知不觉地陷入本来毫不费力就可以避免的险境。可是，等到陷入这种险境之后，没有惊人的英勇毅力便不能从那里挣脱出来。我们终于落入深渊了，这时便向上帝哀祷："为什么你把我造得这样软弱？"上帝却不管我们怎样辩解，只是对我们的良心回答说："我是把你造得太软弱了。以致你自己爬不出深渊，因为我原先把你造得够坚强的，你本来就不会掉进深渊。"

——《忏悔录》第33页

真正的宗教义务是不受人类制度的影响的，真正的心就是神灵的真正的殿堂，不管你在哪一个国家和哪一个教派，都要以爱上帝胜于爱一切和爱邻人如同爱自己作为法律的总纲；任何宗教都不能免除道德的天职，只有道德的天职才是真正的要旨；在这些天职中，为首的一个是内心的崇拜；没有信念，就没有真正的美德。

——《爱弥儿——论教育》下卷，第435页

让其他的人为我的幸福而牺牲他们的幸福，让一切都归我一个人，如果必要的话，让整个的人类都在穷困和苦难的境地中饿死，以免我有片刻的痛苦和饥饿，一切推理而不信上帝的人心眼里所想的就是如此。

——《爱弥儿——论教育》下卷，第440页

凡是在心里说没有上帝而口头上又说有上帝的人，不是骗子就是疯子。

——《爱弥儿——论教育》下卷，第440页

我把各种宗教都同样看作是有益的制度，它们在每一个国家中制定了一种公众一致采用的敬拜上帝的方法，它们在每一个国家的风土、政治、人民的天才或其他因时因地使大家喜欢这种宗教而不喜欢那种宗教的地方原因中找到了它们存在的理由。

——《爱弥儿——论教育》下卷，第430—431页

真正的崇拜是心的崇拜。只要是真心诚意地崇拜，则不论崇拜的形式怎样，上帝都是不会拒绝的。

——《爱弥儿——论教育》下卷，第431页

人的力量要通过工具才能发挥作用，而神的力量则能自行发挥作用。上帝是万能的，因为他能行使意志；他的意志就是他的力量。

——《爱弥儿——论教育》下卷，第392页

上帝是善良的，这是再明显不过的了；人的善良表现在对同胞的爱，上帝的善良表现在对秩序的爱，因为他正是通过秩序来维持一切的存在和使每一个部分和整体联在一起的。

——《爱弥儿——论教育》下卷，第392页

我认为，狭隘的教义不仅不能阐明伟大的存在的观念，反而把这种观念弄得漆黑一团；不仅不使它们高贵，反而使它们遭到毁伤，不仅给上帝蒙上了许多不可思议的神秘，而且还制造了无数荒谬的矛盾，使人变得十分骄傲、偏执和残酷，不仅不在世上建立安宁，反而酿成人间的烧杀。

——《爱弥儿——论教育》下卷，第408页

一切宗教中最好的宗教一定是最为明白的；对我宣扬宗教的要是使宗教带上矛盾和神秘的色彩，反而使我对那个宗教发生怀疑。

——《爱弥儿——论教育》下卷，第415页

每一种宗教都有它自己的传统、意识、习惯和成见，这些东西就

是它的信仰的精神，必须把它们联系起来，才能对那些宗教进行判断。

——《爱弥儿——论教育》下卷，第 42 页

只要在人类中还留存着一点点诚笃的信仰，就不要去扰乱那些宁静的灵魂，就不要拿一些疑难的问题去动摇头脑单纯的人的信念，因为那些疑难不仅他们不能解决，而且反使他们感到不安，不能从中受到启发。

——《爱弥儿——论教育》下卷，第 433 页

宗教让我们相信：在上帝使人们摆脱了原始状态的伊始，他们就是不平等的，因为上帝的意志就是要让人们如此。但是宗教并不禁止我们根据人类和他们周围的事物的性质去猜想：如果放任人类自由发展，它将会是什么样子？

——《论人类不平等的起源》，第 3 页

我们要感谢明智的上帝，他赋予人们的能力是潜在的，这种能力只有在他们有机会使用的时候才成为现实。

——《论人类不平等的起源》第 28 页

上帝赋予了人类看到同类受苦天生就会产生的一种反感。这种反感，在特定的情况下缓和了他的强烈的自尊心，或者在自尊心产生之前缓和了他自我保存的愿望，从而使他为自己谋利的热情受到限制。

——《论人类不平等的起源》第 30 页

5. 科学与艺术

我们可以看到，随着科学与艺术的光芒在我们的地平线上升起，德行也就消逝了。这种现象在各个时代和各个地方都可以观察到。

——《论科学与艺术》第 7 页

只要没有产生什么作用，也就没有什么原因可求；但是在这里作用是确凿的，腐化也是实在的；而且我们的灵魂是随着我们的科学和我们的艺术之臻于完美而越发腐败，能说这是我们时代所特有的一种不幸吗？

——《论科学与艺术》第 7 页

人们啊！你们也应该知道自然想要保护你们避免科学，正像一个母亲要从自己孩子的手里夺下来一种危险的武器一样；而她所要向你们隐藏起来的一切秘密也正是她要保障你们不去碰到的那些坏事。因而你们求知时所遇到的困难就正是她的最大的恩典了。

——《论科学与艺术》第 14 页

精神也和身体一样，有它自己的需要。身体是社会的基础，精神就是社会的装饰。只要政治与法律能够为人民集体提供安全与福祉，那么科学、文学与艺术，既然不专制而且也许更有力量，就会把花冠点缀在束缚着人们的枷锁之上的，就会窒息人们那种天生的自由情操——人们本来就是为自由而生的，——就会使他们喜爱自己被人奴役的状态，并且会使他们成为人们所谓的文明民族。

——《论科学与艺术》第 4 页

天文学诞生于迷信；辩论术诞生于野心、仇恨、谄媚和谎言；几何学诞生于贪婪；物理学诞生于虚荣的好奇心；一切，甚至于道德本身，都诞生于人类的骄傲。因此科学与艺术的诞生乃是出于我们的罪恶；如果它们的诞生是出于我们的德行，那么我们对于它们的利益就可以怀疑得更少一点了。

——《论科学与艺术》第 16 页

艺术若不是培养奢侈，那么我们又要艺术做什么呢？

——《论科学与艺术》第 16 页

科学产生于怠惰，反过来又滋长怠惰，因此它们对社会所必然造成的第一种伤害，就是无可弥补的时间损失。

——《论科学与艺术》第 17 页

浪费时间是一桩大罪过。然而由文艺产生的罪过还要坏得多。由于人类的怠惰与虚荣而产生的奢侈，便是其中的一种；奢侈很少是不伴随着科学与艺术的，而科学与艺术则永远不会不伴随着奢侈。

——《论科学与艺术》第 18 页

每个艺术家都愿意受人称赞，他的同时代的人的赞誉是他报酬中最珍贵的一部分。

——《论科学与艺术》第 20 页

当生活日益舒适、工艺日臻完美、奢侈开始流行的时候，真正的勇敢就会削弱，尚武的德行就会消失；而这些仍然是科学和艺术在暗中起作用的结果。

————《论科学与艺术》第 22 页

为了使人类恢复常识，就必须来一场革命，革命终于来自一个为人最预料不到的角落。

————《论科学与艺术的复兴是否有助于风俗日趋淳朴》第 9 页

如果外表永远是心性的影像，如果礼貌就是德行，如果我们的格言真能成为我们的指南，如果真正的哲学是和哲学家的称号分不开的；那么生活在我们中间将会是多么美好啊！

————《论科学与艺术的复兴是否有助于风俗日趋淳朴》第 11 页

装饰的华丽可以显示出一个人的富有，优雅可以显示出一个人的趣味，然而一个人的健康与强壮却须由另外的标志来识别了；只有在一个劳动者的粗布衣服下面，而不是在一个佞幸者的穿戴之下，我们才能发现身体的力量和生气。装饰对于德行也同样是格格不入的，因为德行就是灵魂的力量和生气。善良的人乃是一个喜欢赤身裸体上阵的运动员，他鄙弃一切足以妨碍他使用力量的无聊装饰品，而那些装饰品大部分只是用来遮掩身体上的某种畸形罢了。

————《论科学与艺术的复兴是否有助于风俗日趋淳朴》第 12 页

在艺术还没有塑成我们的风格，没有教会我们的感情使用一种造作的语言之前，我们的风尚是粗犷的，然而却是自然的；从举止的不同，一眼就可以看出性格的不同。那时候，人性根本上虽然不见得更好，然而人们却很容易相互深入了解，因此可以找到他们自己的安全，而这种我们今天已不再能感到其价值的好处，就使得他们能很好地避免种种罪恶。

——《论科学与艺术的复兴是否有助于风俗日趋淳朴》第 12 页

我们永远也不会明确知道我们是在和什么人打交道；甚至于要认清楚自己的朋友也得等到重大的关头，也就是说，要等到不可能再有更多时间的关头，因为唯有到了这种关头，对朋友的认识才具有本质的意义。

——《论科学与艺术的复兴是否有助于风俗日趋淳朴》第 13 页

只要当我们想脱离永恒的智慧为我们所安排的那种幸福的无知状态时，就总是会成为对于我们骄傲的努力的一种惩罚了。

——《论科学与艺术的复兴是否有助于风俗日趋淳朴》第 24 页

人们啊！你们应该知道自然想要保护你们不去碰科学，正像一个母亲要从她孩子的手里夺下一种危险的武器一样；而她所要向你们隐藏起来的一切秘密，也正是她要保障你们不去做的那些坏事，因而你们求知时所遇到的艰难，也就正是她的最大的恩典了。

——《论科学与艺术的复兴是否有助于风俗日趋淳朴》第 24 页

事实上，无论我们怎样翻遍世界的纪年史，也无论我们怎样再以哲学的探索来补充无法确定的编年史，都不会发现人类知识的起源能有一种是符合我们所愿望的那种观念的。天文学诞生于迷信；辩论术诞生于野心、仇恨、谄媚和撒谎；几何学诞生于贪婪；物理学诞生于虚荣的好奇心；所有一切，甚至于道德本身，都诞生于人类的骄傲。因此，科学与艺术都是从我们的罪恶诞生的；如果它们的诞生是出于我们的德行，那么我们对于它们的用处就可以怀疑得少一点了。

——《论科学与艺术的复兴是否有助于风俗日趋淳朴》第 25 页

如果人人只是在讲究自己做人的责任与自然的需要，人人只能有时间为祖国、为不幸者、为朋友而效力，那么谁还会把自己的一生用之于毫无结果的思索呢？难道我们生来就是要死在潜藏着真理的那座源泉的边缘之外吗？仅仅是这种想法，便应该使每一个严肃地想以哲学研究来教育自己的人从一开头就却步的。

——《论科学与艺术的复兴是否有助于风俗日趋淳朴》第 25 页

错误可能有无穷的结合方式；而真理却只能有一种存在的方式。

——《论科学与艺术的复兴是否有助于风俗日趋淳朴》第 25 页

奢侈必然的后果——风尚的解体——反过来又引起了趣味的腐化。

——《论科学与艺术的复兴是否有助于风俗日趋淳朴》第 28 页

战斗往往并不能决定战争的胜利，而且将军们也需要有一种比赢得战役更加高明的艺术。在火线上奋勇当先的人，不见得就不是一个很坏的指挥官；即使是士兵，忍耐力和战斗意志多一点也许要比勇猛大胆还更必要，因为勇猛大胆并不能保障他们免于死亡。军队被寒暑所消灭抑或被敌人的武器所消灭，这对国家来说又有什么不同呢？

——《论科学与艺术的复兴是否有助于风俗日趋淳朴》第 29 页

如果说科学的教养对于战斗品质是有害的，那么它对于道德品质就更加有害了。从我们最初的岁月起，就有一种毫无意义的教育在虚饰着我们的精神，腐蚀着我们的判断。

——《论科学与艺术的复兴是否有助于风俗日趋淳朴》第 29 页

如果不是由于才智的不同和德行的败坏在人间引起了致命的不平等的话，那么这一切的谬误又是从何而产生的呢？这就是我们种种学术研究的最显著的后果，也是一切结果中最危险的后果了。我们不再问一个人是不是正直，而只问他有没有才华；我们不再问一本书是不是有用，而只问它是不是写得好。我们对于聪明才智就滥加犒赏，而对于德行则丝毫不加尊敬。漂亮的文章就有千百种奖赏，美好的行为则一种奖赏都没有。

——《论科学与艺术的复兴是否有助于风俗日趋淳朴》第 30 页

哲人贤士是决不追求财富的，然而他对于光荣却不能无动于衷了；当他看到光荣的分配是如此之不公平，他的德行——那是稍有一点鼓励就能激发起来，并可以使之有利于社会的——就会消沉而且会湮没于潦倒无闻之中的。这就是何以结果终于到处都要偏爱赏心悦目的才华而不爱真实有用的才华的缘故了；并且这种经验自从科学与艺术复兴以来，只是格外地在加强。

——《论科学与艺术的复兴是否有助于风俗日趋淳朴》第 30 页

永恒的天道既然在各种不同的毒草旁边都安置了解毒药，在许多害人的动物体内安置了受他们伤害时的救治剂，因而也教会了君主们——他们是天道的行政官——来模仿他的智慧。

——《论科学与艺术的复兴是否有助于风俗日趋淳朴》第 30 页

如果一定要有某些人来从事科学和艺术的研究，那就只能是这些自问能独自追踪前人的足迹、并能超越前人的人了；为人类精神的光荣树立起纪念碑，就只能是这样的一些少数人。然而，如果我们不想有任何东西超出他们的天才之外，就必须不能有任何东西超乎他们的希望之外，这就是他们所需要的唯一鼓舞了。

——《论科学与艺术的复兴是否有助于风俗日趋淳朴》第 32 页

灵魂总是不知不觉地与它所追求的目的成比例的；而造就出伟大的人物的，则是伟大的时势。

——《论科学与艺术的复兴是否有助于风俗日趋淳朴》第 32 页

只要权力是一回事，而知识和智慧又是另一回事，学者们便很少会想到什么伟大的事情，君主们则更少会做出什么美好的事情来，并且人民也就会继续是卑贱的、腐化的与不幸的了。

——《论科学与艺术的复兴是否有助于风俗日趋淳朴》第 32 页

就我们俗人来说，上天并不曾赐给我们这样伟大的才能，也没有注定给我们这么多的光荣，那么就让我们安于默默无闻吧。

——《论科学与艺术的复兴是否有助于风俗日趋淳朴》第 32 页

德行啊！你就是淳朴的灵魂的崇高科学，难道非要花那么多的苦心与功夫才能认识你吗？你的原则不就铭刻在每个人的心里吗？要认识你的法则，不是只消返求诸己，并在感情宁静的时候谛听自己良知的声音就够了吗？这就是真正的哲学了，让我们学会满足于这种哲学吧！让我们不必嫉妒那些在文坛上永垂不朽的名人们的光荣；让我们努力在他们和我们之间画出人们以往是在两个伟大的民族之间所画的那条光荣的界限吧，让他们知道怎样好好地说，让我们知道怎样好好地去做吧。

——《论科学与艺术的复兴是否有助于风俗日趋淳朴》第32页

五、人与自然

1. 人与自然

我相信我曾经在大自然中阅读过你的历史；这些历史并不在你们同胞的著作中，因为他们都是骗子，但是大自然是永远不会欺骗我们的。

——《论人类不平等的起源》第 4 页

人类拥有这样一个格外的优点：当其他动物仅仅拥有自己的本能的时候，人很有可能连一项专属于他的本能都没有，但是却能够学习各种禽兽的本能；同样的，当其他的动物只能食用特定的食物的时候，人类却能够食用各种食物中的绝大部分，因此他比其他任何一种动物都更容易觅食。

——《论人类不平等的起源》第 2 页

人类确实拥有这样一个优点：能够与其他动物同样迅速地奔跑；并且几乎能够在任何一棵树上找到一个避难所，由此他能够接受或者逃避一场相遇，从而能够在逃走和搏斗间进行选择。再说，没有动物会天然地选择与人类发生战斗，除非是它极度地饥饿需要自保；并且也没有一种动物对人类表现出强烈的憎恶。如果有憎恶，这种憎感也是自然贴在某一物种上的表明它是其他物种的食物的标签。

——《论人类不平等的起源》第 5 页

自然以一种偏爱照管着它庇护下的所有动物，这种偏爱似乎在表明它是如何地珍惜这种对所有动物加以照顾的权利。

——《论人类不平等的起源》第 5 页

在世界上的所有民族中，智慧的进步是与他们的需求成正比的，这种需求或者是他们在自然中获得的，或者是环境强加给他们的，因此智慧的进步也是与激发他们去满足需求的情感是成正比的。

——《论人类不平等的起源》第 15 页

似乎自然有意使事物趋于平等，在它拒绝把富饶给予土地的地方，它把富饶赐予了人们的精神。

——《论人类不平等的起源》第 15 页

出于自然的一切都是真的；只有我于无意中掺入的我自己的东西，可能是假的。

——《论人类不平等的起源和基础》第 73 页

当我置身于绿原中的大树底下，我立刻意识到来到了人间天堂。我尝到一种发自内心的喜悦，就好像我是人类最幸福的人。

——《一个孤独的散步者的遐想》第 136 页

在这个富饶而僻静，受着大自然的限制、与世隔绝的小岛上，悠然遐想，可就更加自由、更加惬意了。

——《一个孤独的散步者的遐想》第 83 页

乔木、灌木、花草都是大地的饰物和衣裳。没有比满目沙砾、烂泥的不毛之地更加凄凉的景象了。

——《一个孤独的散步者的遐想》第 104 页

一个喜欢静观和沉思的人，心灵越是敏感，就越容易在这种和谐使他产生的欣喜中陶醉。一种甜蜜而深邃的幻想便会攫住他的感官，他就会带着滋味无穷的迷醉消融在他自觉与之浑然一体的这个广袤而美丽的大自然中。

——《一个孤独的散步者的遐想》第 105 页

自然界从不撒谎，它不言不语却专门服从人类的权威。

——《一个孤独的散步者的遐想》第 107 页

当我凝视田野、果园、树林和那众多的人群时，我总是这样寻思，植物界真是大自然向人类和动物提供食品的仓库啊。

——《一个孤独的散步者的遐想》第 108 页

我跑遍绿树成荫的地方，享受到无限的乐趣。

——《一个孤独的散步者的遐想》第 108 页

我只有忘掉自己时才更韵味无穷地进行默思和遐想，并感到那一阵阵莫可名状的欣悦和陶醉，可以说，融化到了万物的体系之中，与整个大自然浑然一体了。

——《一个孤独的散步者的遐想》第 109 页

让鲜丽的花卉、五彩缤纷的草原、清爽宜人的树荫、小溪、丛林、草地为我净化我的想象吧！

——《一个孤独的散步者的遐想》第 113 页

众多的植物就宛如播在天穹的繁星，星星点点地撒在了大地上，就是为了吸引人类为了寻找乐趣和出于好奇去研究大自然。

——《一个孤独的散步者的遐想》第 114 页

我觉得，在树林的绿荫下，我是个被遗忘的、自由而恬静的人，就好像我再也没有仇敌了；仿佛森林的枝叶会为我挡住他们的中伤，好像枝叶会把他们从我的记忆里驱走。

——《一个孤独的散步者的遐想》第 116 页

人是骗子，他们要别人相信他的话，并按照他们的意思办事，然而他们的话却又建立在别人的权威之上。

——《孤独散步者的遐想》第 103 页

这种把植物都看成是药草的医学概念不会使植物学研究变得兴趣盎然，反而把那些本来绚丽多彩的花草变得黯然，使本是清新郁郁葱葱的树林变得毫无情趣，乃至令人生厌。那些只知道把一切放进钵里研捣的人是不会对这些优美迷人的景象感兴趣的。而那些用来做灌肠剂的野草也不会被人们用来编织花环送给牧羊女的。

——《孤独散步者的遐想》第 104 页

大自然赐予我们人类和动物的食物宝库就是这个植物界。可我从来没有想过要在这里寻找药物。

——《孤独散步者的遐想》第 104 页

把一切都和我们的实际利益联系起来的观点，使人们被迫按功名利益的驱使去采挖药物，可是当人们身体健康的时候，对于自然万物却是冷漠对待。

——《孤独散步者的遐想》第 105 页

矿物界似乎为了不引起人类的贪图之心，避开了人类的目光，把宝藏深埋地底，而使它没有一件让人喜欢的东西。当人心越来越坏时，那些宝藏作为填补，去代替那些人类已经失去兴趣的、容易到手的、真正的财富。为了驱除贫穷，他们不惜以技艺、劳动和辛苦来换取；为了探求虚无的财富，他们冒着生命的危险，挖掘大地，进入它的中心，他们却把大地给予他们享用的真正的财富抛弃；他们把自己埋在没有昼夜之分的地下，因为他们不配生活在阳光里。

——《孤独散步者的遐想》第 106 页

无数的植物宛如苍穹中的群星般播洒在广袤的大地上，为的就是吸引人类出于乐趣和好奇而研究大自然。

——《孤独散步者的遐想》第 109 页

我喜欢孤独的生活，这又有什么好惊异的呢？我在人的面孔上只能看到恶意，只有大自然永远向我微笑着。

——《孤独散步者的遐想》第 147 页

一个平原，不管那儿多么美丽，在我看来绝不是美丽的地方。我所需要的是激流、巉岩、苍翠的松杉、幽暗的树林、高山、崎岖的山路以及在我两侧使我感到胆战心惊的深谷。

——《忏悔录》第一部，第212页

我以主人的身份支配着整个大自然。我的心从这一事物漫游到那一事物，遇到合我心意的东西便与之物我交融、浑然成为一体，种种动人的形象环绕在我心灵的周围，使之陶醉在甘美舒畅的感情之中。

——《忏悔录》第一部，第199页

在人做的东西中所表现的美完全是摹仿的。一切真正的美的典型是存在在大自然中的。

——《爱弥儿——论教育》下卷，第482页

2. 自然状态

在自然状态中，所有的事物都以一种整齐划一的形式进行着，并且大地上也不常常发生由于人类社会的情欲和任意行动而引起的突然的、持续的变化。

——《论人类不平等的起源》第4页

如果自然注定了我们是健康的，那么我敢断定，反省的状态是与自然状态相违背的，而沉思的人乃是堕落的动物。

——《论人类不平等的起源》第7页

无论精良的药品对于我们是多么有效，可以确定地说如果一个野蛮人生病，他除了寄希望于自然，是没有什么别的东西可以指望的；但是另一方面，除了疾病外，他没有其他事情需要担心，所有这些使得他的体质往往比我们的好。

——《论人类不平等的起源》第 8 页

我们一眼就可以看出：自然状态的人们之间没有任何种类的道德关系，或者任何为我们所知晓的义务，所以他们既不是善的也不是恶的，既不拥有邪恶也不拥有道德；除非我们从生理的层面上理解这些词，将"邪恶"看作个人身上那些可能妨碍他自我保存的特质，把"善良"看作个人身上那些可能促进他自我保存的特质。在这种情形下，我们不得不将最少有抵抗自然冲动的人称作是最善良的人。

——《论人类不平等的起源》第 28 页

我们可以说野蛮人并不是邪恶的，因为他根本不知道什么是善良。这一点可以从阻止他们做坏事的既不是智慧的发展，也不是法律的约束，而是情感的平静和对于邪恶的无知中得到验证。

——《论人类不平等的起源》第 30 页

自然状态中的共鸣比理性状态中的共鸣深切不知几万倍。理性使人们产生自尊心，可增强自尊心的则是思考。理性使得人们追求自保；思考使得人远离所有打扰或者妨碍他的事情。

——《论人类不平等的起源》第 33 页

我们不能够从发生在特定动物间的为占有异性而引起的争斗中得

出任何有关自然状态中的人的任何推论。

——《论人类不平等的起源》第 38 页

在自然状态中,每个人都不受束缚,即使是最强大的人动用其力量也是徒然。

——《论人类不平等的起源》第 42 页

最初的情感是对自己生存的情感,他最初的关心是对自我保存的关心。土地的产品提供给他一切必要的帮助;而本能促使他利用这些东西。当饥饿和其他欲望使得他先后经历了不同的生存模式后,是性欲促使他繁衍自己的种类;这是一种盲目的冲动,内心中没有丝毫的情感,因此仅仅是纯粹的动物行为。一旦这种需要被满足,两性就不再彼此认识,甚至一旦孩子能够离开母亲独立地生存,他对于母亲就毫无意义,彼此无牵挂了。

——《论人类不平等的起源》第 46 页

没有人比原始状态的人更加平和了。在那个时候,人被自然安排到距离野兽的愚蠢和文明人的不幸智慧同样远的位置,他被理性和本能所限,只知道保护自己远离不幸的威胁。他被自然的同情心所束缚,不会伤害任何人,即使自己受到伤害也不会那样做。

——《论人类不平等的起源》第 54 页

在法律产生之前,由于每一个人都是他所受冒犯的唯一裁判者和报复者,所以适合于自然状态的善良是不适合最初的社会的。

——《论人类不平等的起源》第 54 页

自然状态存在于庞大的政治国家之间比它之前存在于组成这些国家的公民个人之间更加有害。

——《论人类不平等的起源》第 67 页

在自然状态中，不平等几乎是不存在的；随着我们能力的发展和人类智慧的进步。不平等才获得了生长的力量；最终，由于私有制和法律的建立，不平等变得根深蒂固并且合法化了。此外，我们还可以断言：仅仅被实体法所认可的不平等，一旦与生理上的不平等不成比例地不相称——就触犯了自然法。这种不相称充分决定了我们对所有文明民族中普遍存在的那种不平等应当持什么样的看法。

——《论人类不平等的起源》第 89 页

附录一：卢梭生平简介

让·雅克·卢梭，1712年6月28日出生在瑞士日内瓦一个贫穷的钟表匠家庭。由于他的祖先是法国人，他所接受的教育大都来自于法国。生活的大部分时间是在法国度过的，他的思想对法国的影响最大。所以法国人为产生了这样一位伟大的人物而感到骄傲，实际上卢梭终身保持"日内瓦公民"的头衔。

卢梭出生几天后，他母亲便去世，从小丧母的卢梭在回忆这一悲痛遭遇时说："我的出生使母亲付出了生命，我的出生也是我无数不幸中的第一个不幸。"母亲逝世后，卢梭便由他的姑妈苏萨娜·卢梭养育照顾，他的父亲伊萨克·卢梭对他十分疼爱。在他5—6岁的时候，他父亲便让他读"母亲留下的一些小说"。"起初，父亲不过是想利用这些有趣的读物叫我练习阅读，但是不久以后，我们就兴致勃勃地两个人轮流读，没完没了，往往通宵达旦"。幼年时的大量阅读，使卢梭获得较丰富的知识，思想早熟。他特别喜欢普鲁塔克的《名人传》，书中的"爱自由爱共和的思想"、"不肯受束缚和奴役的性格"，在他幼年的心中播下了种子。

10岁时,他父亲与一个陆军上尉发生一场纠纷,被迫离开日内瓦,出走异乡。父亲走后,舅父贝纳尔做了卢梭的监护人,把他送到一位乡村牧师家住了两年,学习拉丁文。淳朴的农村生活、美丽的自然景色陶冶了卢梭爱自然、追求自由的情感。在这段时间里,读书学习几乎成了他唯一的消遣。

12岁时,卢梭被送到法院事务所,学习"承揽诉讼",由于他讨厌"用卑鄙手段去发财",书记官对他抱着轻蔑的态度,经常辱骂他。1725年4月,卢梭在一个脾气粗暴的师傅杜康曼开办的雕刻店里当学徒兼杂役。在这里,他挨打受骂,受尽师傅的侮辱、惩罚和折磨。奴隶般的学徒生活使他深刻地体会到,"在家靠父母和出外当奴隶之间的天壤之别"。他厌倦这里的一切,憎恶依附别人,热爱自由,渴望保持自我独立。他经常背着主人的监视偷着看书,只要有一本新书。就爱不释手,恨不得一口气把它读完,甚至忘掉了一切。他的读书癖简直达到了"狂热状态",也常因被主人发现,书被销毁、人遭毒打,由于不堪忍受虐待,便弃职逃走。在以后长达20年的颠沛流离和寄人篱下的生活中,他当过仆人、家庭教师、音乐教师等职业,饱经了生活的磨难,并广泛地接触了社会各个阶层。其间,他结识了"颇有才智、风姿绰约的妩媚女子"华伦夫人,在生活上得到了她的帮助。俩人由热恋而同居于莎尔麦特。他们一起度过了8年"田园诗式"的生活。在华伦夫人身边的日子里,他大量而又系统地学习、研究了历史、地理、天文、物理、化学、音乐、拉丁文等知识。为他以后在法国文坛脱颖而出奠定了坚实的基础。

1742年,他携带自己发明的《新记谱法》只身闯荡巴黎,以抄写乐谱、教授音乐为生,并结交了狄德罗和当时的启蒙作家,开始了他的文学生涯。这期间,他创作了歌剧《风雅的缪斯》,音乐才能开始引起巴黎音乐界的注意。他曾充任法国驻威尼斯使节的秘书,并开始关心社会政治问题,后来跟大使意见不和,辞职回巴黎,继续从事创作活动。在巴黎他结识了女佣人戴莱丝·勒瓦瑟,与她同居并相伴终身。他还为狄德罗、达朗贝尔主持的《百科全书》撰写政治、音乐条目。在近40岁时他开始崭露头角,1750年他所写的《论科学与艺术的复兴是否有助于使风俗日趋淳朴》(《论科学与艺术》)获奖。此文以论点新奇不凡,文笔优美出众使他声名鹊起,成了文坛的红人。此后20年中,他隐居巴黎近郊,先住在皮埃奈夫人提供的乡间别墅"退隐庐"中,后又迁居蒙莫朗西,埋头创作。先后发表了歌剧《乡村卜师》(1752)。著作《论人类不平等的起源和基础》(1754)、《社会契约论》(1762)、《爱弥儿》(1762),小说《新爱洛伊丝》(1762)等等。

《爱弥儿》出版后,给卢梭带来巨大的灾难。从此,他开始了8年充满凄风楚雨的逃亡生活。书中由于谴责神学家的谬说,又抨击无神论,不但引起"百科全书派"中无神论者的尖锐批评,更激起新旧教会和政府当局的极端仇视。巴黎最高法院下令焚烧《爱弥儿》,并通缉作者。天主教会则把卢梭视为"上帝的敌人"。他从巴黎近郊流亡到日内瓦,后又迁居普鲁士王管辖的莫蒂埃,但不久也遭到当地人的迫害。在走投无路的处境下,他接受了英国哲学家休谟的邀请。前去英国避难。后来与休谟发生争吵。返回已允许他居住的巴黎。

1764年,出自伏尔泰之手的匿名抨击文章《公民的感情》发表。文章对卢梭进行了多方面的指责,宣布他为"一个够不上尽自己最起码的义务的坏蛋"。为了有力地回答这种污蔑,他怀着痛苦的心情,写出了《忏悔录》(1770—1771)。

卢梭的晚年,悲愤孤独,疾病缠身,特别由于受到迫害凌辱,穷愁潦倒、写作辛劳,使他的神经过于敏感,多疑和情绪的极不稳定曾使他一度处于半疯狂的状态。他总认为周围尽是他的敌人,于是他便投入"大自然母亲的怀抱中",经常到巴黎近郊去散步,采集植物标本，从中寻找他的乐趣，并写出了抒情散文《一个孤独的散步者的遐想》。

1778年7月2日，这位人类伟大的思想家因患大脑浮肿与世长辞。法国人民永远也不会忘记这位为他们做出巨大贡献的人物。1791年，人们在蒙莫朗西建碑，以示永远纪念他；1794年10月，人们把他的遗骨隆重迁葬到巴黎先贤祠！

当然，任何一个人的理论都不会不善不美，时间更能风化出哪些是金子、哪些是泥土。今天在阅读这本卢梭精神言论中，您自然会吸收有益的思想而排斥无用的东西。

附录二：论科学与艺术的复兴是否有助于使风俗日趋淳朴

我们被善良的外表所欺骗。——贺拉斯

科学与艺术的复兴有助于敦风化俗呢，还是伤风败俗呢？这就是本文所要探讨的。我在这个问题上应该站在哪一边呢？各位先生，我站的就是一个虽然一无所知，但并不因此就妄自菲薄的诚恳的人所应该站的那一边。

在将要对我进行评审的会议面前，我感到我要说的话是难于得体的。我怎能胆敢在欧洲最博学的团体之一的面前贬斥科学，在一所著名的学院里颂扬无知，并且还要把对学术研究的蔑视与对真正有学识的人的尊敬调和在一起呢？我了解到有这些矛盾，可是它们并没有能动摇我。我自谓我所攻击的不是科学本身，我是要在有德者的面前保卫德行。忠诚对于善人要比博学对于学者更可贵得多。那么，我又有什么可畏惧的呢？是畏惧这次将倾听我的意见的与会者们的智能吗？我承认我是畏惧的，但那只是因为我的论文的内容，而绝非因为发言者的情绪。在疑难的辩诘中，公正的主宰们是决不会迟疑不决，而不肯谴责他们自己的错误的；而对于有理的一方来说，其最有利的情况就莫过于能在一个正直而开明的、自己判断自己案情的裁判者面前进行自我辩护了。

除了这个鼓舞我的动机而外，还该加上使我作出决定的另一个动机：那就是，由于我根据天赋的光明在维护真理，所以不管我的成就如何，它本身就是一种永不会使我失望的酬报，而我将会在我内心深处获得这种酬报的。

……

精神也和身体一样，有它自己的需要。身体需要是社会的基础，精神需要则是社会的装饰。政府与法律为人民集体提供了安全与福祉；而科学、文学和艺术，由于它们不那么专制因而也许更有力量，就把花冠点缀在束缚着人们的枷锁之上，它们窒息人们那种天生的自由情操——看来人们本来就是为了自由而生的，——使他们喜爱自己被奴役的状态，并且使他们成为人们所谓的文明民族。需要奠定了宝座，而科学与艺术则使得它们巩固起来。世上的权威啊！爱惜才华吧，保护那些在培养才华的人物吧。文明的民族啊，培养他们吧：这些快乐的奴隶们啊，都是靠了他们，你们才有了你们所引以为荣的那种精致而美妙的趣味，才有了那种性格的温良恭俭以及风尚的彬彬有礼，从而才使得你们之间的交往如此密切又如此容易；一言以蔽之，你们才可以没有任何德行而装出一切有德行的外表。正是由于这种文明（它显得非常可爱，正因为它不那么勉强），才使昔日的雅典和罗马能够在那些以其繁荣与昌盛而如此值得自豪的岁月里头角峥嵘；毫无疑义，也正是由于它，我们的世纪与我们的国家才会超越一切的时代与一切的民族。一种毫无迂腐气的哲学格调，一种自然而又动人的风度，既绝非条顿人的粗犷，又绝非意大利人的矫揉：这些便是我们研究学术所获得的、并由于大家互相交往而臻于完美的那种趣味的结果了。

如果外表永远是心性的影像，如果礼貌就是德行，如果我们的格言真能成为我们的指南，如果真正的哲学是和哲学家的称号分不开的；那么生活在我们中间将会是多么美好啊！然而这么多的品质是太难凑合在一起了，而且在大量的浮夸当中德行是很难于出现的。装饰的华丽可以显示出一个人的富有，优雅可以显示出一个人的趣味，然而一个人的健康与强壮却须由另外的标志来识别了；只有在一个劳动者的粗布衣服下面，而不是在一个侥幸者的穿戴之下，我们才能发现身体的力量和生气。装饰对于德行也同样是格格不入的，因为德行就是灵魂的力量和生气。善良的人乃是一个喜欢赤身裸体上阵的运动员，他鄙弃一切足以妨碍他使用力量的无聊装饰品，而那些装饰品大部分只是用来遮掩身体上的某种畸形罢了。在艺术还没有塑成我们的风格，没有教会我们的感情使用一种造作的语言之前，我们的风尚是粗犷的，然而却是自然的；从举止的不同，一眼就可以看出性格的不同。那时候，人性根本上虽然不见得更好，然而人们却很容易相互深入了解，因此可以找到他们自己的安全，而这种我们今天已不再能感到其价值的好处，就使得他们能很好地避免种种罪恶。

今天更精微的研究与更细腻的趣味已经把取悦的艺术归结成为一套原则了。我们的风尚流行着一种邪恶而虚伪的一致性，每个人的精神仿佛都是在同一个模子里铸出来的，礼节不断地在强迫着我们，风气又不断地在命令着我们；我们不断地遵循着这些习俗，而永远不能遵循自己的天性。我们再不敢表现真正的自己；而就在这种永恒的束缚之下，人们在组成我们称之为社会的那种群体之中既然都处于同样的环境，也就都在做着同样的事情，除非是其他更强烈的动机把他们拉开。因此，我们永远也不会明确知道我们是在和什么人打交道；甚至于要认清楚自己的朋友也得等到重大的关头，也就是说，要等到不可能再有更多时间的关头，因为唯有到了这种关头，对朋友的认识才具有本质的意义。

……

就我们俗人来说，上天并不曾赐给我们这样伟大的才能，也没有注定给我们这么多的光荣，那么就让我们安于默默无闻吧。让我们别去追求一种永远得不到的名誉吧，并且在事物的现状下它也决不会偿还我们为它所付出的代价的，哪怕是我们完全有资格可以获得它。如果我们可以在自身之中求得幸福，那么从别人的意见里去求我们的幸福，又有什么好处呢？让别人用心教诲人民去尽他们的义务吧，让我们只管好好地尽我们自己的义务吧，我们对此不需要知道更多的东西。德行啊！你就是淳朴的灵魂的崇高科学，难道非要花那么多的苦心与功夫才能认识你吗？你的原则不就铭刻在每个人的心里吗？要认识你的法则，不是只消返求诸己，并在感情宁静的时候谛听自己良知的声音就够了吗？这就是真正的哲学了，让我们学会满足于这种哲学吧！让我们不必嫉妒那些在文坛上永垂不朽的名人们的光荣；让我们努力在他们和我们之间划出人们以往是在两个伟大的民族之间所划的那条光荣的界限吧，让他们知道怎样好好地说，让我们知道怎样好好地去做吧。

附录三：卢梭著作汉译本书目

（法）卢梭著，何兆武译：《论科学与艺术》商务印书馆，1959 年版。

（法）卢梭著，王运成译：《论政治经济学》，商务印书馆，1962 年版。

（法）卢梭著，李常山译：《论人类不平等的起源和基础》，商务印书馆，1982 年版。

（法）卢梭著，何兆武译：《社会契约论》，商务印书馆，1982 年版。

（法）卢梭著，李平沤译：《爱弥儿——论教育》上、下卷，人民教育出版社，1985 年版。

（法）卢梭著，黎星译：《忏悔录》第一部，人民文学出版社，1980 年版。

（法）卢梭著，范希衡译：《忏悔录》第二部，人民文学出版社，1982 年版。

（法）卢梭著，张弛译：《一个孤独的散步者的遐想》，湖南人民出版社，1987 年版。

（法）卢梭著，李平沤译：《论科学与艺术的复兴是否有助于使风俗日趋淳朴》，商务印书馆，2011 版。

（法）卢梭著，吕卓译：《论人类不平等的起源》，中国社会科学出版社，2009 年版。

（法）卢梭著，李青译：《孤独散步者的遐想》，光明日报出版社，2006 年版。

（法）卢梭著，陈筱卿译：《忏悔录》，译林出版社，2011 年版。